Praxisratgeber der Akademie für Kindergarten, Kita und Hort

Teamentwicklung in der Kita

Wie Sie ein Team bilden, stärken und begleiten

Melanie Gräßer · Eike Hovermann (Hrsg.)
Marion Offergeld

Klett Kita

Impressum

ISBN: 978-3-96046-145-6
Teamentwicklung in der Kita
Wie Sie ein Team bilden, stärken und begleiten

Klett Kita GmbH · Rotebühlstr. 77 · 70178 Stuttgart · www.klett-kita.de · info@klett-kita.de

Projektleitung und Redaktion	Myriam Bork
Herausgeber	Melanie Gräßer, Eike Hovermann
Autoren	Marion Offergeld, Melanie Gräßer, Eike Hovermann
Korrektur	Nicole Woratz
Gestaltung und Satz	DOPPELPUNKT, Stuttgart
Druck	Grafik Media Prodkutionsmanagement, Köln

2. Auflage

Bildnachweis: GettyImages.de
S. 6: Tim Hawley | S. 9: filadendron | S. 10: Sofiia Potanina | S. 14: Radachynskyi | S. 16: gpointstudio | S. 18: valiantsin suprunovich | S. 21: filipfoto | S. 22: huePhotography | S. 25: Geber86 | S. 26: vgajic | S. 29: dragana991 | S. 33: Image Source | S. 34: wujekjery | S. 36: ALotOfPeople | S. 37: Nazan Akpolat | S. 40: kstphotography | S. 43: MF3d | S. 46: Image Source | S. 50: Weekend Images Inc. | S. 59: tampatra | S.61: filadendron | S. 62: kyoshino | S. 73: Image Source | S. 74: Image Source | S. 76: enviromantic | S. 77: 10'000 Hours | S. 80: Moyo Studio | S. 83: NickyLloyd | S. 85: MesquitaFMS

Bildnachweis Coverfoto: Gettyimages.de/Geber86

Inhalt

Vorwort 5

Kapitel 1
Wir sind ein gutes Team! Ziele erreichen, Stolpersteine überwinden 7
Warum lohnt sich Teamarbeit in der Kita? 8
Merkmale eines effektiven Teams 8

Kapitel 2
Ein Team bilden.
Wie aus unterschiedlichen Personen eine eingeschworene Gemeinschaft wird 11
Gibt es die ideale Teamzusammensetzung? 12
Persönlichkeiten im Team – die richtige Mischung macht's! 13
Verschiedene Rollen – wer kann was? 14
Teamgröße: von drei bis dreißig – alles ist möglich 16
Unsere Ziele – was uns zusammenhält! 17
Die perfekte Ergänzung für unser Team 19

Kapitel 3
Ein Team entwickeln. Die Teamphasen kennen und nutzen 21
Phase 1: Forming – die Teamdynamik beginnt 22
Phase 2: Storming – wir entwickeln uns weiter 28
Phase 3: Norming – wir machen Pläne 32
Phase 4: Performing – wir arbeiten Hand in Hand 35
Phase 5: Adjourning – Auflösung und Abschied 38

Kapitel 4
Ein Team leiten. Wie Sie Ihr Team ideal unterstützen und fördern 43
Leitung vs. Führung – was ist der Unterschied? 44
Wie führe ich erfolgreich ein Team? 44

Kapitel 5
Die Kunst der Organisation. Planen, strukturieren und sich dabei nicht verzetteln 51
Gut organisierte Abläufe sind wie die Statik eines Hauses 52
Überblick gibt Sicherheit: Tages- und Langzeitplanung 52
Dienstplanung mit dem Team 55
Teamsitzungen sinnvoll gestalten 57
Beim Wesentlichen bleiben: Die Tagesordnung 60

Kapitel 6
Jeder Konflikt ist eine Chance. Konflikte erkennen, lösen und verhindern ... 63
Woher kommen Konflikte? ... 64
Die 5 Konfliktarten ... 65
Die Bedeutung der Emotionen ... 67
Konflikte im Team erkennen ... 68
Konflikte bringen uns weiter ... 69
Das Konfliktlösungspotenzial verbessern ... 70

Kapitel 7
Jedes Team braucht Pflege. So erhalten Sie die Teammotivation ... 75
Unser Team ist einzigartig ... 76
Prima Klima im Team ... 78
Professionalität motiviert ... 81
Besonders wichtig: Gesundheit ... 82
Wenn's mal stressig wird ... 84

Anhang: Kopiervorlagen als Arbeitshilfen ... 87
Fragebogen: Machen Sie den Team-Test! ... 88
Checkliste: Unser neues Teammitglied ... 90
Checkliste: Der Willkommensordner ... 91
Fragebogen: Konfliktanalyse ... 92
Evaluationsbogen: Dokumentation von Projekten ... 93
Fragebogen: Führungsfeedback ... 94
Selbstreflexion: Sehe ich Konflikte als Chance? ... 95
Selbstreflexion: Vermeide ich Konflikte? ... 96
Checkliste: Gesundheit in der Kita ... 97

Literaturverzeichnis ... 98

Zur Autorin ... 99

Vorwort

Der Motor der pädagogischen Arbeit in einer Kita ist ein eingespieltes und engagiertes Team. Und ein solches Team ist die optimale Basis für die erfolgreiche Arbeit mit Kindern.

Nicht immer ist es im oft hektischen Kita-Alltag so leicht, als Einheit aufzutreten. Manchmal müssen Fehlzeiten und Krankheitstage kompensiert werden, neue Teammitglieder sollen schnellstmöglich in die täglichen Arbeitsabläufe eingearbeitet und Praktikanten „mal eben" angeleitet werden.

Es kommt auch vor, dass vereinbarte Teamziele unterzugehen drohen, und vielleicht erschwert Ihnen eine chronische personelle Unterbesetzung zusätzlich die Arbeit in den Gruppen. Häufig fehlt Ihnen als Kita-Leitung die Zeit, um Ihr Team in den Gruppen zu unterstützen und sich gleichzeitig auch noch um die Belange und Sorgen aller zu kümmern. In diesem Praxisratgeber erfahren Sie, wie eine gut organisierte, produktive und noch dazu harmonische Teamarbeit gelingen kann, welche kommunikativen und persönlichen Kompetenzen Sie hierzu benötigen und wie Sie ein echtes Team bilden können. Wir haben mit Marion Offergeld eine der besten Trainerinnen der Kindergartenakademie als Autorin für diesen Praxisratgeber gewinnen können.

Die Diplom-Sozialpädagogin, staatlich anerkannte Erzieherin, Dozentin und Supervisorin vermittelt Ihnen auf den kommenden Seiten die Grundlagen der Teambildung und Teamentwicklung. Basierend auf ihrer langjährigen Praxiserfahrung hat sie die Essenz ihres Wissens in diesem kompakten Ratgeber in zahlreichen Praxisbeispielen zusammengefasst, die Sie sofort in Ihrem Kindergarten, in der Kleingruppe, aber auch im großen Team anwenden und umsetzen können.

Sie haben sich also einen Praxisratgeber mit besonders vielen praxisnahen, alltagstauglichen und anschaulichen Beispielen aus dem Kita-Alltag ausgesucht. Dieses Buch wird Ihnen eine echte Hilfe, wertvolle Begleitung und sicher auch später noch ein Nachschlagewerk bei vielen Fragen rund um das Thema *Team* sein. Nutzen Sie das Fachwissen, die vielen Ideen, Anregungen, Tipps und Tricks, die Ihnen helfen, Ihr perfektes Team zu bilden, zu fördern und zu unterstützen.

Wir wünschen Ihnen ganz viel Freude mit diesem Ratgeber und viele gute Stunden, in denen Sie Ihr ganzes Fachwissen zum Wohle Ihres Teams und damit aller Kinder einsetzen können.

Melanie Gräßer und Eike Hovermann

Wir sind ein gutes Team!

Ziele erreichen, Stolpersteine überwinden

Frau Ebert leitet seit fünf Jahren ein gut funktionierendes Kita-Team. Der Zusammenhalt der Mitarbeiterinnen hat sie durch die aufregende Anfangszeit getragen. So manche Hürde haben sie gemeinsam gemeistert.

Seit einiger Zeit jedoch bemerkt sie, dass die Luft ein wenig raus ist. Sie fragt sich, ob das nur ein vorübergehendes „Verschnaufen" ist, oder ob es Konflikte gibt, die nicht gelöst sind. Kürzlich hat sie einen Fragebogen entdeckt, den sie verwenden könnte, um ein klares Bild von der Situation zu bekommen. „Das werde ich mir anschauen", denkt Frau Ebert und beschließt, dies bei der nächsten Teamsitzung anzusprechen. Danach werden sie im Team überlegen, was zu tun ist.

1

Wir sind ein gutes Team!

Warum lohnt sich Teamarbeit in der Kita?

Im Team zu arbeiten, motiviert wahrscheinlich auch Sie: Es spornt an und lässt Sie und Ihr Team selbst in stressigen Phasen zur Hochform auflaufen. Die Zusammenarbeit macht Spaß, die Teammitglieder sind engagiert und übernehmen Verantwortung. Sie bringen ihr vielfältiges Fachwissen ein und steigern damit die Qualität des pädagogischen Angebotes. Das Gemeinschaftsgefühl stärkt alle und selbst Stolpersteine räumen Sie und Ihr Team gemeinsam aus dem Weg.

Doch ist es manchmal gar nicht so leicht, sich als Team wahrzunehmen, denn der Alltag in der Kita ist oft hektisch. Sie kennen das vielleicht auch: Alles ist ständig in Bewegung. Die Arbeit mit den Kindern füllt den Tag, und hinzu kommen Vorbereitungen, Dokumentationen und zusätzliche administrative Aufgaben.

Gemeinschaft muss erlebt werden

Ein leistungsstarkes Team braucht Gelegenheiten wie Teamsitzungen, um Vorgehensweisen abzusprechen, Informationen auszutauschen und gemeinsam zu planen. Kommen dann gemeinsame Erfolgserlebnisse hinzu, wächst der Zusammenhalt. Das ist jedoch nur möglich, wenn Sie und Ihr Team diese Zusammenarbeit auch tatsächlich erleben.

Alle profitieren von einem guten Team

Sie haben es sicherlich auch schon einmal erfahren, wie ein Team über sich hinauswächst, wenn es gute Grundlagen hat und ebenso gut geführt wird. Man spürt förmlich, wie die Menschen im Team miteinander verbunden sind und sich nahezu blind verständigen können. Ein solch konstruktiver Zustand ermöglicht ein nachhaltiges und stabiles Angebot für die Kinder und ihre Familien und lässt Ihr Team gleichzeitig positiv an notwendige Veränderungen herangehen.

Ein hoch motiviertes Team bietet ein breites Angebot an Fachwissen und begleitet Kinder vertrauensvoll und wertschätzend auf dem Weg in die Schule. Auch die Eltern erleben die Fachkompetenz und das verzahnte Arbeiten des Teams, was auch ihnen ein sicheres Gefühl gibt: „Hier sind wir gut aufgehoben."

Merkmale eines effektiven Teams

Ja, es gibt durchaus Merkmale, die sich in leistungsfähigen Teams herauskristallisieren. Die wichtigsten Eigenschaften eines erfolgreichen Teams lesen Sie auf der nächsten Seite. Aber: Nicht in jedem Team sind diese Merkmale identisch und in gleichen Anteilen vorhanden, denn die Zusammenarbeit verändert sich permanent, und jedes Team ist darüber hinaus einzigartig.

Sie müssen sich also keine Sorgen machen, wenn die eine oder andere Eigenschaft mehr oder weniger vorhanden ist. Fehlen allerdings Kennzeichen komplett oder gibt es größere Defizite in einzelnen Bereichen, dann besteht Handlungsbedarf. Die nachfolgenden Kapitel helfen Ihnen dabei, das passende Handwerkszeug zu finden.

Die 6 Merkmale eines guten Teams:

1 Ihr Team arbeitet effektiv zusammen. Alle verfolgen gemeinsame Ziele und bündeln ihre Energien, um den pädagogischen Auftrag zu erfüllen. Die Rolle der Leitung sowie die Verantwortungsbereiche der Teammitglieder sind klar und werden respektiert.

2 Leistung und Qualifikation der Teammitglieder werden gegenseitig anerkannt und zur Steigerung der pädagogischen Qualität eingesetzt. Die Bereitschaft zur Kooperation im Sinne der Aufgabe ist groß. Dabei handeln die Teammitglieder eigenverantwortlich und zeigen Initiative bei der Umsetzung von Aufgaben.

3 Informationen fließen problemlos zwischen den Teammitgliedern, und Absprachen werden so getroffen, dass sie den pädagogischen Tag konstruktiv gestalten. Besprechungen und Diskussionen sind sachlich und lösungsorientiert.

4 Veränderungen und Konflikte werden als Chance und konstruktiver Lernprozess gesehen. Reflexionsfähigkeit, Toleranz und eine positive Fehlerkultur tragen dazu bei, gemeinsam nachhaltige Lösungen zu entwickeln.

5 Die Interaktion zwischen den Teammitgliedern ist gekennzeichnet von Gleichberechtigung und Wertschätzung. Kollegialität wird großgeschrieben, und es entsteht ein Wir-Gefühl im gesamten Team. Humor und Freude am Miteinander motivieren die Teammitglieder.

6 Teil eines Hochleistungsteams zu sein, gibt den Teammitgliedern das Gefühl, etwas Großes zu leisten. Stolz, Selbstwertgefühl und Einsatzwille wirken sich positiv auf die Arbeit aus. In einem solchen Team ist die Gemeinschaftsleistung mehr als die Summe der Einzelleistungen.

Fragebogen: Machen Sie den Team-Test!

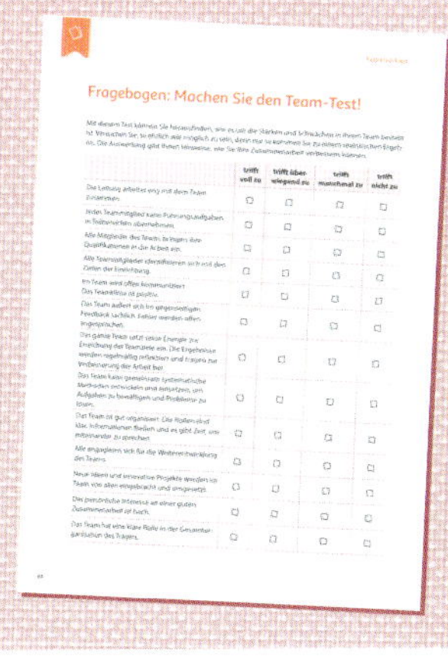

Sie kennen jetzt die 6 Merkmale eines guten Teams – wie ist das in Ihrer Kita? Auf Seite 88 finden Sie einen Test, mit dem Sie Ihr Team einschätzen können!

2

Ein Team bilden

Wie aus unterschiedlichen Personen eine eingeschworene Gemeinschaft wird

Schon länger beschäftigt sich Frau Ebert mit der Frage: „Was ist, wenn wir mal jemanden suchen, der unser Team verstärkt? Welche Qualifikation soll die neue Fachkraft mitbringen? Und welcher Typ Mensch passt zu uns?“ Bisher hat sich alles einfach gut ergeben, und alle arbeiten gern miteinander.
Die Fortbildung zum Thema *Teamentwicklung*, die sie kürzlich besucht hatte, fällt ihr ein. Dort gab es ein Kapitel zu verschiedenen Charakteren im Team. Sind diese gut abgestimmt, werden wichtige Schlüsselpositionen im Team besetzt und Aufgaben sind optimal verteilbar. Entsprechend der Talente, Interessen und Stärken übernehmen die Teammitglieder dann die Verantwortungsbereiche.

Sie beschließt, die Unterlagen noch einmal herauszusuchen, und nachzusehen, wie ihr Team noch zu verbessern wäre. So ist sie gut vorbereitet bei der nächsten Stellenbesetzung.

Ein Team bilden

Gibt es die ideale Teamzusammensetzung?

Das ist eine berechtigte Frage, denn wenn eine gute Zusammenarbeit Ihr Team weiterbringt und auf allen Ebenen erfolgreicher werden lässt, was können Sie dann bei der Besetzung der Stellen von Beginn an richtig machen? Obwohl Sie sich vielleicht nicht völlig frei entscheiden können, sorgen Sie mit Ihrem Wissen dafür, dass die Einflussfaktoren in bestmöglicher Balance sind.

Wer passt bei uns rein?

Die Zusammensetzung Ihres Teams orientiert sich zunächst an sachlich-fachlichen Erfordernissen. Die Stundenkontingente für die Gruppen beispielsweise müssen passend gefüllt sein. Auch die Ausbildungsvoraussetzungen und Erfahrungsjahre müssen stimmen. Die vielfältigen Qualifikationen und Fachkenntnisse führen dann zu einer breit aufgestellten Fachlichkeit im Team.

Was jedoch genauso wichtig ist, sind die sozialen Kompetenzen. Passt die Person mit ihrem Temperament ins Team? Ergänzen sich die Charaktere? Und ist sie interessiert daran, sich persönlich und mit dem Team weiterzuentwickeln?

Ein Team besteht aus Individuen

Nicht immer ist die Zusammensetzung eines Teams von Beginn an ideal. Die Chance, dass Sie gemeinsam im Team eine solidarische Arbeitsebene finden, ist jedoch zu jeder Zeit gegeben. Ein Hand in Hand arbeitendes Team entwickelt sich mit seinen Aufgaben und Herausforderungen, und alle tragen mit ihren Stärken dazu bei.

So bringen die frisch ausgebildeten Fachkräfte oft neuen Schwung in die Einrichtung. Sie hinterfragen viel und decken so manche überholte Regelung aus früherer Zeit auf, die in ihren Augen keinen Sinn macht. Sie fungieren häufig als Anreger von Veränderungen und inspirieren das Team.

Die erfahrenen Fachkräfte kennen sich meist gut in den Strukturen der Kita, im Umfeld und Netzwerk aus. Sie wissen, an wen sie sich wenden können und was in der Vergangenheit gut funktioniert hat. Sie fungieren oft als tragende Säulen des Kita-Betriebes und sorgen für Stabilität.

Trotz der mancherorts großen „Generations- und Erfahrungsunterschiede" können sich die Mitglieder des Teams dennoch sehr gut ergänzen. Es braucht dazu eine grundsätzliche Offenheit und Anerkennung der Fachlichkeit im Miteinander. Bedenken Sie auch, dass nicht nur das Alter der Fachkräfte über das Verhalten entscheidet. Die individuellen Persönlichkeiten spielen mit ihren Besonderheiten immer eine wichtige Rolle.

Mehr als die Summe seiner Teile

Schafft ein Team es, die Unterschiedlichkeiten in gemeinsam beschlossenen pädagogischen Zielen und Angeboten umzusetzen, erhöht sich die Qualität der pädagogischen Arbeit. Denn so steuern die Inhalte und nicht die Reibungspunkte den Alltag. Mit einem multiprofessionellen Team, das seine Stärken zu nutzen weiß, lässt sich für Kinder und deren Familien ein breites Bildungs- und Unterstützungsangebot schaffen.

Die Antwort auf die Frage der idealen Teamzusammensetzung ist also das Herstellen der richtigen Mischung der Fachkräfte, ihrer Qualifikationen und Persönlichkeiten. Damit lässt sich ein Team aufbauen, das Fachlichkeit, Nachhaltigkeit und Neugierde auf Neues miteinander verbinden.

Persönlichkeiten im Team – die richtige Mischung macht's!

Haben Sie schon einmal in einem kleinen Team gearbeitet, das ganz ähnlich in der Zusammensetzung der Persönlichkeiten war? Zunächst fühlt sich die Harmonie, die schnell gefunden ist, sehr angenehm an. Auf Dauer kann das jedoch dazu führen, dass das Team in seiner Entwicklung nur langsam vorangeht. Niemand möchte die Harmonie gefährden, und das Anstoßen von Veränderungen wird jedes Mal zum Kraftakt.

Alle ins Boot holen …

Verschiedene Persönlichkeiten in eine gemeinsame Richtung zu lenken, kann herausfordernd sein. Die Individualität bietet eine Vielzahl von Möglichkeiten. Die Kunst ist dann, die Gemeinsamkeiten zu entdecken.

Jede Person denkt und handelt nach ihren persönlichen Ideen und Vorstellungen davon, wie es „richtig" ist und sich stimmig anfühlt. Je nach Charakter oder Prägung unterscheidet sich das deutlich. Wir alle verfügen über viele Eigenschaften, wobei die gut funktionierenden Anteile häufig stärker ausgeprägt sind. Im Laufe des Lebens lernt man, auf verschiedene Situationen so zu reagieren, dass das persönliche Sicherheitsbedürfnis befriedigt wird. Daher kann beispielsweise ein Konfliktfall eine neue Seite hervorbringen oder auch eine bereits bekannte Seite noch stärker hervortreten lassen.

… und Kurs nehmen

Alle Charaktere sind in der Regel sehr engagiert, wenn sie ihre speziellen Fähigkeiten entfalten. Will man dies nutzen, so setzt das voraus, dass Mitarbeiterinnen ihre Stärken einbringen und Schwächen ausgleichen können und diese Mischung dem Team zur Verfügung stellen. Zu einem guten Zusammenspiel im Team kommt es dann, wenn die verschiedenen Persönlichkeiten sich gegenseitig akzeptieren und den Nutzen für die gemeinsame Sache erkennen. Ein reflektierendes Feedback – regelmäßig durchgeführt – erweitert die Offenheit miteinander und führt dazu, dass die Schwerpunkte der Charaktere nutzbar werden. Denn nur dann macht ein Zusammenspiel von verschiedenen Persönlichkeiten überhaupt Sinn.

Exkurs: Johari-Fenster (entwickelt von Joseph Luft und Harry Ingham im Jahre 1955)

Wussten Sie, dass wir alle, wenn wir neu zu einer Gruppe hinzukommen, zunächst nie unsere ganze Persönlichkeit zeigen? Erst mit der Zeit kommen verschiedene Aspekte dessen, was wir öffentlich machen, hinzu. Das Johari-Fenster (vgl. Langmaack & Braune-Krickau, 2000, Seite 172 ff.) ist eine Methode, Selbst- und Fremdwahrnehmung abzugleichen. Durch Feedback im Team erweitern wir diesen öffentlichen Bereich und werden auf blinde Flecken aufmerksam. Zunehmendes Vertrauen bewirkt, dass wir auch persönliche Anteile zeigen. Schließlich verfügen wir über immer mehr Aspekte, die allen bekannt sind. Erst dann zeigt sich, was wirklich in uns steckt!

Verschiedene Rollen – wer kann was?

Wollen Sie die unterschiedlichen Persönlichkeiten in Ihrem Team wirksam werden lassen, so ist das Rollenmodell von Dr. Meredith Belbin (vgl. Erger, 2012, Seite 32 ff.) interessant. Belbin beschreibt neun Teamrollen, die prädestiniert sind für ganz bestimmte Verantwortungsbereiche im Team. Sind diese Rollen in Ihrem Team so gut wie möglich besetzt, ergibt sich eine effektive Mischung. In kleineren oder größeren Teams kommt es natürlich vor, dass Rollen gar nicht oder mehrfach besetzt sind. Es funktioniert dennoch, wenn es einen offenen Austausch über die Rollen gibt. Ein klares Rollenbewusstsein fördert immer die Zusammenarbeit und das Wir-Gefühl im Team und bringt zentrale Fähigkeiten zutage, die sich in der Praxis bewähren.

Praxistipp: Wer steht wo in unserem Team?

Finden Sie gemeinsam mit dem Team heraus, wer welche Rolle ausfüllt. Gehen Sie die verschiedenen Rollen mit den entsprechenden Eigenschaften durch, und fordern Sie dann die Teammitglieder auf, sich einer Rolle zuzuordnen. Im nächsten Schritt können Sie darüber reflektieren, was das für Ihr Team bedeutet und welche Verantwortungsbereiche dementsprechend verteilt werden können.

Eine solche Übung fördert das Rollenbewusstsein und die Feedbackfähigkeiten. Das, was wahrscheinlich jede Person wusste, jedoch nie ausgesprochen hat, wird dann zu einem Arbeitsinstrument und bringt das Team einen großen Schritt weiter. Eine tolle Möglichkeit für einen Teamtag: „Wir sortieren unsere Aufgaben neu!"

Rolle	Eigenschaften	Aufgaben im Team
Umsetzerin	effektiv und systematisch Blick für Wesentliches loyal selbstdiszipliniert mag keine plötzlichen Veränderungen	Planung Koordination Verwaltung
Beobachterin	Faktensammler, kritischer Denker eher introvertiert besonnen langsamer Entscheider	Analysen und Einschätzungen Entwickeln von Alternativen Finden von Schwachstellen
Perfektionistin	detailliert und gewissenhaft ergebnisorientiert hohe Maßstäbe eher introvertiert delegiert wenig	Qualitätsmanagement Zeitmanagement Ergebniskontrolle Optimierung
Spezialistin	hohe Maßstäbe und hohes Engagement im eigenen Fachgebiet Fixierung auf das Spezialgebiet und wenig Interesse an Zusammenhängen	Spezialisten-Aufgaben: Therapie, Sprachbildung…
Teamarbeiterin	gute Zuhörer hilfsbereit und sensibel flexibel und anpassungsfähig entlasten und unterstützen in Stresssituationen machen gute Stimmung	Diplomatie Wertschätzung und Teamgeist Moderation
Wegbereiterin	offen, neugierig, an neuen Ideen interessiert kommunikations- und verhandlungsstark eher extrovertiert eventuell sprunghaftes Engagement	Außenkontakte herstellen und pflegen Netzwerken Planung von Ressourcen Betreiben von Recherchen
Koordinatorin	zielfokussiert planen und haben den Überblick erzeugen Zusammenhalt im Team binden Fähigkeiten der Teammitglieder ein selbstsicheres, ausgeglichenes Auftreten	Koordination von Aufgaben und Projekten Planungsaufgaben Verantwortungsübernahme für Teilbereiche
Macherin	lieben Herausforderungen hohe Motivation, gewinnen gern Erfolgs- und Ergebnisorientierung spornen andere an reagieren emotional und eher eigensinnig konfrontativ und kämpferisch eher an Zielen als an sozialen Beziehungen interessiert	Lokomotiv-Funktion im Team, Antreiber auf den Punkt bringen von Wesentlichem Voranbringen von Entscheidungen Umsetzen von Neuerungen Beschleunigen von Abläufen Verbessern von Strukturen Zeitwächter
Neuererin	denken und arbeiten einfallsreich verwenden gern ungewöhnliche Methoden arbeiten eher allein und distanziert eher introvertiert wenig Interesse an praktischen Details und Feedback	Ideenlieferanten Problemlösungen entwickeln konzeptionelle Stärke Projektstarter

Teamgröße: von drei bis dreißig – alles ist möglich

Bei einer Größe von mindestens drei bis zu ungefähr neun (vgl. Bernitzke, 2009, Seite 15) Mitgliedern lässt sich die Zusammenarbeit relativ leicht organisieren. Die Wege sind kurz, und man begegnet sich häufig auf dem Flur, in der Küche oder im Personalraum.

Wächst das Team, wird es schwieriger mit der Interaktion. Jetzt heißt es, die Begegnungen zu organisieren und andere Strukturen zu bilden.

Team im Team

Angefangen bei Gruppenteams arbeiten die Fachkräfte in der Kita in der Regel immer mit verschiedenen Untergruppen. Arbeitsgruppen, Projektteams, Qualitätszirkel – all das gibt es bereits in Kita-Teams. Darüber hinaus können auch nebeneinanderliegende Gruppen zu kleinen Organisationseinheiten werden, die sich bei der Planung und Koordination von Aufgaben zusammentun.

4 Tipps zur Organisation großer Teams

1 Bilden Sie Arbeitsgruppen, die sich mit inhaltlichen Themen beschäftigen. Diese Gremien sind geeignet zur Vorbereitung oder Bearbeitung konzeptioneller Fragen, Projektplanungen, Integration von Neuerungen, Ablauf- und Strukturverbesserungen.

2 Räumliche Untereinheiten sind perfekt geeignet als alltagstaugliche Planungseinheiten. Die räumliche Nähe ermöglicht von der gegenseitigen Unterstützung bis hin zur Dienstplanung eine schnelle Koordination der Abläufe. Setzen Sie Koordinatoren ein, die Informationen bündeln und austauschen sowie Absprachen mit dem gesamten Kollegium und mit der Leitung treffen!

3 Sorgen Sie für Kontaktmöglichkeiten. Die Teammitglieder sehen sich im Alltag kaum oder sogar gar nicht. Regelmäßige dienstliche Treffen in verschiedenen Konstellationen halten das Gefühl für das große Ganze lebendig. Die große Teamsitzung in regelmäßigen Abständen trägt definitiv dazu bei. Gestalten Sie diese möglichst so, dass Interaktion untereinander stattfindet – das heißt, nicht nur Informationsweitergabe, sondern beispielsweise pädagogische Themen oder Fallbesprechungen.

4 Pflegen Sie Teamrituale. Das macht sicher nicht nur in großen Teams Sinn, ist dort jedoch umso wichtiger. Wie feiern Sie Geburtstage? Wie feiern Sie Erfolge? Gibt es gemeinsame Konzeptionstage? Wie gestalten Sie einen Betriebsausflug? Teamevents sorgen dafür, dass Zusammenhalt entstehen kann.

Unsere Ziele – was uns zusammenhält!

Bei all den Unterschieden, Stärken und Talenten stellen Sie sich berechtigterweise vielleicht die Frage, wie Sie diese Crew zusammenhalten. Antoine de Saint-Exupéry hat treffend festgestellt: „Wenn Du ein Schiff bauen willst, dann trommle nicht Männer zusammen, um Holz zu beschaffen, Aufgaben zu vergeben und die Arbeit einzuteilen. Sondern lehre sie die Sehnsucht nach dem weiten, endlosen Meer."

Was dieses Zitat passend beschreibt, ist, dass der Sinn der Arbeit für alle nachvollziehbar sein muss. Mehr noch, es geht darum, den Blick der gesamten Kita in eine Richtung zu lenken: Ziele, Visionen und Werte – das wirkt als Team-Spirit und fokussiert ein Team.

Motivation durch Begeisterung

Ziele sollten in der Regel sachlich und detailliert formuliert sein. Richtig, doch hier geht es auch um etwas anderes: Echte Motivation entsteht aus Emotion. Das lässt die Teammitglieder mit Feuer und Flamme bei der Sache sein und Widerstände und Misserfolge überwinden.

Welche Ziele sind es also in Ihrer Kita, die alle miteinander verbinden? Haben Sie als Leitung eine Vorstellung davon, wie die nahe oder fernere Zukunft der Einrichtung aussehen kann? Versuchen Sie es! Erarbeiten Sie miteinander die nächsten Ziele und begeistern Sie Ihr Team für die gemeinsame Arbeit!

Das TEAM-Tool: Toller Einsatz aller Mitarbeiter

Material: Papier und Stifte

Ziele:
- Darstellen der aktuellen Teamsituation
- Aufzeigen von Stärken und Schwächen
- Definieren gemeinsamer Ziele

Ablauf:
Jede Person im Team erstellt anhand der Buchstaben des Wortes TEAM passende Assoziationen. Die assoziierten Worte werden dabei zu Beginn, in der Mitte oder am Ende der vier Buchstaben TEAM angehängt. Die Aufgabe ist, dass die Worte den aktuellen Teamstatus darstellen.

Diese werden nacheinander vorgestellt und es können Stärken, Schwächen und Ziele herausgearbeitet werden, die auf einem Flipchart notiert werden. Im Ergebnis zeigen sich die Aufgaben für die nächste Zeit – gut geeignet, um Reflexionsprozesse anzuregen.

Das Inventur-Tool: Wir machen Inventur

Material: Moderationskarten, Pinnwand

Ziele:
- Rückblick auf das vergangene Jahr
- Ausblick auf das kommende Jahr
- Definieren gemeinsamer Ziele

Ablauf:
Beantworten Sie im Team die folgenden Fragestellungen und notieren Sie die Antworten auf Moderationskarten. Die erste Runde lässt Sie auf das vergangene Jahr schauen. Ordnen Sie die Antwortkarten so, dass zum einen die Erfolge und zum anderen die Verbesserungsideen gut erkennbar sind.

1 Was haben wir im letzten Jahr geleistet?
2 Was ist uns gut gelungen?
3 Was hätten wir besser machen können?

Im zweiten Schritt beschäftigen Sie sich mit dem kommenden Jahr: Was kommt auf uns zu? Dabei ist es wichtig, aus den Erkenntnissen der Vergangenheit zu lernen und ganz konkrete Handlungsalternativen zu entwickeln. Auch hier hängen Sie die Moderationskarten so auf, dass die neuen Strategien erkennbar sind.

1 Welche neuen Herausforderungen kommen auf uns zu?
2 Wie werden wir diesen Herausforderungen begegnen?
3 Welche Erkenntnisse aus dem letzten Jahr werden wir im neuen Jahr umsetzen?

Damit haben Sie gemeinsam Ziele und Ihre Pläne für das nächste Jahr erarbeitet. Dokumentieren Sie die Ergebnisse mit einem Foto, das Sie zum Beispiel im Personalraum aushängen, so bleiben die Inhalte für alle präsent.

Die perfekte Ergänzung für unser Team

Sie wissen, neue Mitarbeiterinnen zu finden, die ins Team passen, ist eine echte Herausforderung. Vor allem, weil der erste Eindruck eben nur das ist – ein Eindruck. Wir alle haben viele Seiten, und die meisten zeigen wir erst nach einiger Zeit.
Genau deswegen macht es sehr viel Sinn, sich zu Beginn der Suche mit den Bedürfnissen der Kita und des Teams zu beschäftigen und im Bewerberpool gezielt nach bestimmten Qualifikationen und Eigenschaften zu suchen. Überlassen Sie es nicht dem Zufall, wer Ihr Team verstärken wird. Selbst, wenn nicht alle Wünsche erfüllt werden, wird die Chance, Ihren definierten Vorstellungen zu entsprechen größer. So ist es für alle Beteiligten – Team und Bewerberinnen – leichter, sich miteinander einzuleben!

Wie Sie neue Mitarbeiterinnen finden – 7 Tipps!

1 Pflegen Sie Kontakte zu Fachschulen und bekannten Fachkräften. Sie verfügen so über ein Netzwerk, das Sie aktivieren können, bevor eine Lücke in Ihrem Team entsteht.

2 Werden Sie zum qualifizierten Ausbildungsbetrieb, denn so lernen Sie potenzielle neue Fachkräfte sehr gut kennen und sparen sich darüber hinaus die Einarbeitungszeit, falls diese übernommen werden können.

3 Mit einer guten Öffentlichkeitsarbeit fördern Sie Ihren Bekanntheitsgrad. Bewerberinnen werden auf Sie aufmerksam und kommen initiativ auf Sie zu.

5 Gestalten Sie Bewerberinterviews in einer wertschätzenden und fachlichen Atmosphäre, denn auch Sie als Kita bewerben sich.

6 Geben Sie dem Team die Möglichkeit, die Bewerberinnen während einer Hospitation in der Einrichtung kennenzulernen.

7 Machen Sie sich ein klares Bild darüber, welche Fähigkeiten und Fachkenntnisse die neue Mitarbeiterin mitbringen sollte. So können Sie den aktuellen Qualitätsstandard halten und weiterentwickeln.

Checkliste: Unser neues Teammitglied

Welche Eigenschaften soll ein neues Teammitglied haben? Was passt gut zu unserem Team? Welche Rolle ist vielleicht noch unbesetzt? Gehen Sie die Checkliste auf Seite 90 vor der Suche nach neuen Mitarbeiterinnen durch. Beziehen Sie dabei auch das Team mit ein. Ein klares Bild hilft, zielgerichtete Fragen im Bewerbungsgespräch zu stellen und dann die richtige Auswahl zu treffen.

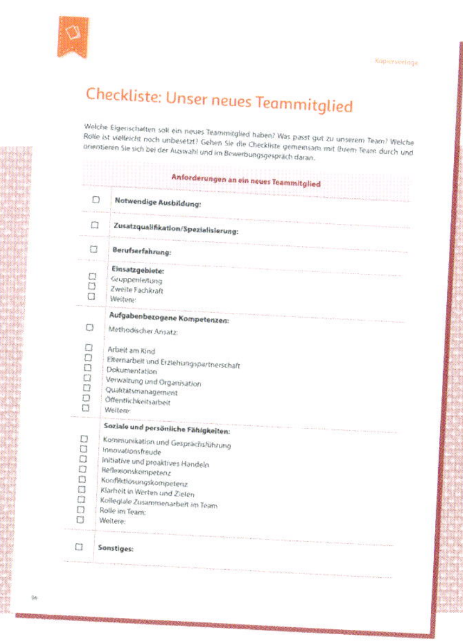
Kopiervorlage

Checkliste: Unser neues Teammitglied

Welche Eigenschaften soll ein neues Teammitglied haben? Was passt gut zu unserem Team? Welche Rolle ist vielleicht noch unbesetzt? Gehen Sie die Checkliste gemeinsam mit Ihrem Team durch und orientieren Sie sich bei der Auswahl und im Bewerbungsgespräch daran.

Anforderungen an ein neues Teammitglied

- ☐ **Notwendige Ausbildung:**
- ☐ **Zusatzqualifikation/Spezialisierung:**
- ☐ **Berufserfahrung:**
- **Einsatzgebiete:**
  - ☐ Gruppenleitung
  - ☐ Zweite Fachkraft
  - ☐ Weitere:
- **Aufgabenbezogene Kompetenzen:**
  - ☐ Methodischer Ansatz:
  - ☐ Arbeit am Kind
  - ☐ Elternarbeit und Erziehungspartnerschaft
  - ☐ Dokumentation
  - ☐ Verwaltung und Organisation
  - ☐ Qualitätsmanagement
  - ☐ Öffentlichkeitsarbeit
  - ☐ Weitere:
- **Soziale und persönliche Fähigkeiten:**
  - ☐ Kommunikation und Gesprächsführung
  - ☐ Innovationsfreude
  - ☐ Initiative und proaktives Handeln
  - ☐ Reflexionskompetenz
  - ☐ Konfliktlösungskompetenz
  - ☐ Klarheit in Werten und Zielen
  - ☐ Kollegiale Zusammenarbeit im Team
  - ☐ Rolle im Team:
  - ☐ Weitere:
- ☐ **Sonstiges:**

90

3

Ein Team entwickeln

Die Teamphasen kennen und nutzen

Heute ist ein spannender Tag – die neue Mitarbeiterin Frau Arens hat ihren ersten Arbeitstag. Vor drei Wochen fiel die Entscheidung. Frau Arens konnte nahezu sofort ihre Stelle in der Kita antreten, da sie gerade ihre Ausbildung beendet hat. Trotz der wenigen Berufserfahrung überzeugte Frau Arens durch ihre fachliche und sachliche Herangehensweise. Das gefiel Frau Ebert, denn ihr Team „ticke" ja so ähnlich. Darüber hinaus führte Frau Arens während ihres Anerkennungsjahres ein Musikprojekt durch. „Frau Arens mit ihrer Gitarre wird eine tolle Bereicherung für die Kinder und das Team werden", denkt Frau Ebert. „Auch dem gemeinsamen Singen mit den Eltern wird das eine motivierende Note geben."
Frau Ebert hat heute keine Termine geplant, denn sie möchte die neue Mitarbeiterin willkommen heißen. Sie wird sie überall vorstellen, ihr die Einrichtung zeigen und die Abläufe erklären. Frau Arens soll sich gut aufgenommen fühlen und Gelegenheit haben, erste Fragen zu stellen.

Ein Team entwickeln

Phase 1: Forming – die Teamdynamik beginnt

Eine neue Kollegin in der Kita, das ist für alle Beteiligten aufregend – denn es ändert sich mehr, als man sich vielleicht zunächst vorstellt. Bruce Tuckman beschrieb im Jahr 1965 die Dynamik, die sich bis heute in der Teamentwicklung wiederfinden lässt.

Jedes Team durchläuft Phasen

Die vier Teamphasen, die die Entwicklung von Teams veranschaulichen, beschreiben die Herausforderungen und Fragen, mit denen sie sich beschäftigen. Sie zeigen darüber hinaus auch Wege auf, mit jeder Phase zu wachsen und sich zu einem Hochleistungsteam zu entwickeln. Das ist eine wirklich intensive Arbeit, denn wie genau sich das Durchschreiten der Phasen darstellt, ist immer abhängig von den Bedingungen der Kita und den dort arbeitenden Persönlichkeiten. Es tauchen immer die gleichen Phänomene auf, jedoch in individueller Art und Weise.

Ähnlich einer Uhr arbeitet sich Ihr Team dabei durch jede der vier Phasen – und das unaufhörlich. Kommen Veränderungen wie die neue Kollegin oder eine gesetzliche oder konzeptionelle Anpassung auf Ihr Team zu, beginnen Sie wieder in der Forming-Phase. Die Verweildauer und die Intensität der Phasen kann man nicht vorhersagen. Darüber hinaus springen Teams mitunter zwischen den Phasen hin und her, überspringen einzelne Phasen und landen eventuell wieder am Anfang und starten den Prozess somit von Neuem. Und manchmal scheint es keinen Schritt weiterzugehen.

Führen Sie Ihr Team durch alle Phasen

So verwirrend Ihnen das vielleicht jetzt erscheint, klar ist, dass das aktive Bearbeiten der Phasen sich für alle Beteiligten lohnt. Denn der Gewinn ist eine hohe Leistungsfähigkeit, gepaart mit einem stabilen Wir-Gefühl in der Performing-Phase. Die Motivation, die daraus entsteht, spornt ungemein an.

Was brauchen Ihre Teammitglieder nun in welcher Phase? Identifizieren Sie die Teamphasen und setzen Sie bewusst Interventionen ein. So können Sie Ihr Team immer wieder gezielt unterstützen, um zu einer effizienten Zusammenarbeit zu kommen, die allen Freude macht.

Die Forming-Phase

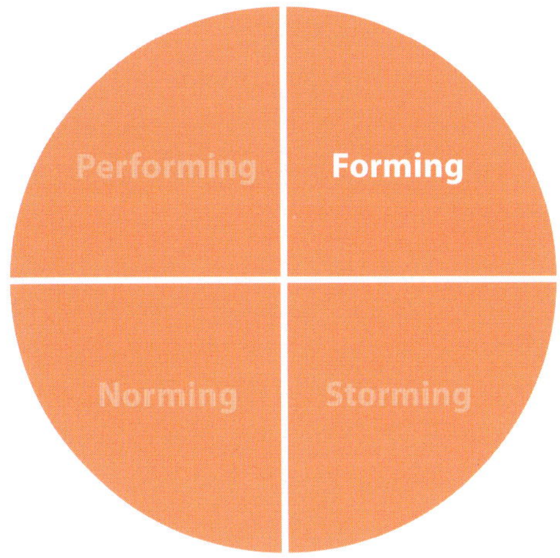

Die Forming-Phase, auch Findungs- oder Orientierungsphase (vgl. Bernitzke, 2009, Seite 67 f.) genannt, beschreibt, wie etwas oder jemand Neues im Team aufgenommen wird.
Zu Beginn ist vieles unbekannt und die Suche nach Orientierung beginnt. Um zu einer ersten Handlungsfähigkeit zu kommen, agieren alle erst einmal vor dem Hintergrund ihrer persönlichen Erfahrungen: „So habe ich das bisher gemacht." Beobachtend und fragend bis hin zum „Hoppla, da bin ich!" ist alles möglich. Jeder konzentriert sich auf die Gründe, warum man dem Team beigetreten ist und erobert sich – wie früher erprobt – seinen Platz.

Vorsichtiges Beschnuppern

Meist bleiben die Teammitglieder eher bei einer oberflächlichen Höflichkeit. Alle sind bestrebt, sich kennenzulernen und möglichst bald Klarheit darüber zu erhalten, ob die persönlichen Vorstellungen der Rolle verwirklicht werden können: „Wird man mich so akzeptieren, wie ich bin?" und „Werde ich meine Vorstellungen von Pädagogik verwirklichen können?"

Der Kontakt wird dann zunehmend intensiver, man tauscht sich aus, hält sich jedoch mit Kritik noch zurück. Mit der Zeit passieren Fehler, und die Dinge, die nicht optimal laufen, häufen sich. Vielleicht erscheinen aber auch bestimmte Regeln nicht länger passend, und keiner hält sich mehr daran. Oder die neue Kollegin hat zu viele ungewöhnliche Ideen.

Die Basis für ein Top-Team

Es scheint so, als ob sich bereits alles gut einspielt – doch wissen auch Sie: Das ist der Anfang, und die starke Verbindung untereinander muss erst noch erarbeitet werden. Je mehr Sicherheit und Vertrauen ein Team in der Orientierungsphase erlangen konnte, desto mutiger kann es dann zur nächsten Phase übergehen.

Wer gibt uns jetzt Orientierung?

Orientierung ist das zentrale Stichwort dieser Phase. Jetzt kommt es auf die Leitung an! Sorgen Sie in der Forming-Phase für Information, Kommunikation, Meinungsaustausch und Gelegenheiten, sich kennenzulernen. Stellen Sie Strukturen und Aufgaben klar und transparent dar. Steuern Sie Ihr Team sicher durch die Forming-Phase, indem Sie überall, wo Unsicherheiten zutage treten, alle Informationen weitergeben, die Ihr Team jetzt braucht.

Ein Team braucht Führung!

Gute Startbedingungen für neue Kolleginnen – was können wir tun?

Für neue Kolleginnen ist es ein Neustart in unbekanntem Terrain. Sie benötigen dabei in der ersten Zeit Orientierungshilfen. Sorgen Sie als Leitung für eine persönliche Begrüßung der neuen Mitarbeiterin. Es ist ein Akt der Wertschätzung, sich diese Zeit zu nehmen – und es rentiert sich, denn so haben Sie den Aufbau des Teams vom ersten Tag an im Blick. Sie können sich sofort Ihr erstes Bild machen und eine offene und klare Atmosphäre fördern. Bedenken Sie, dass das gesamte Team auch Sie beobachtet. Was soll also im bestehenden Team als Nachricht ankommen? Achten Sie darauf, allen die gleiche Wertschätzung zukommen zu lassen. Gerade zu Beginn ist auch das bestehende Team unsicher: „Hat meine Arbeit immer noch den gleichen Wert?"

Bleiben Sie immer in Kontakt

Darüber hinaus geben Sie Ziele und Richtungen vor, die für die Zusammenarbeit unerlässlich sind. Vertiefen Sie das über die gesamte erste Zeit, und führen Sie regelmäßige Gespräche – nicht erst zum Ende der Probezeit. Nehmen Sie auch zu Beginn an einer Kleinteamsitzung der Gruppe teil. So positionieren Sie sich als Ansprechpartnerin und fördern den Beziehungsaufbau zu Ihnen als Leitung.

Paten helfen beim Ankommen

Um den Einstieg ins Kollegium zu erleichtern, bietet sich eine Patin an, die die neue Kollegin für eine Zeit von vier bis acht Wochen intensiv begleitet. Sie fungiert als kollegiale Ansprechperson bei Fragen zu Abläufen, Strukturen, Räumlichkeiten und Aufgaben. Sie klärt die neue Kollegin auch über Rituale im Team auf. Wie wird Geburtstag gefeiert, oder wo verbringt das Team die Pausen? Das erleichtert den Start auch auf der menschlichen Ebene.

Wie wäre es darüber hinaus mit einem kleinen Willkommensgeschenk, zum Beispiel eine Tasse mit dem Namen der neuen Mitarbeiterin. Eine solche Geste rundet den ersten Arbeitstag ab.

Starthilfe für neue Kolleginnen: Der Willkommensordner

Ein Willkommensordner mit den wichtigsten Informationen bietet in der Einarbeitungsphase einen perfekten Überblick. Alle Inhalte sind gebündelt. Unterlagen, die unterschrieben werden müssen, können doppelt eingelegt werden – einmal für die Leitung und einmal als Nachweis für die neue Mitarbeiterin. So können Sie auch den „Pflichtteil" zügig erledigen. Ordnen Sie alles durch ein Register und legen Sie auch die Konzeption der Einrichtung bei.
Der Willkommensordner wird somit im Laufe der Zeit ein Arbeitsinstrument, das durch ständige Aktualisierung zum Nachschlagewerk wird.

Checkliste: Willkommensordner

Dienstplan, Datenschutz, Strukturen und Konzeption – haben Sie an alles gedacht?
Auf Seite 91 finden Sie eine Checkliste für den Willkommensordner.

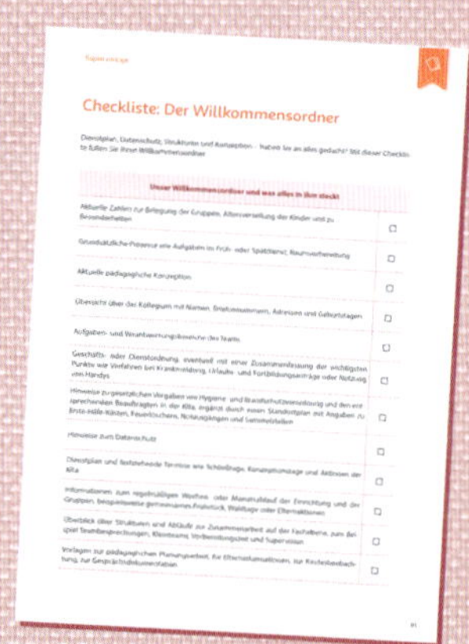
Checkliste: Der Willkommensordner

Das neue Projekt – was kommt da auf uns zu?

Nicht immer ist sofort alles klar, wenn sich durch gesetzliche Änderungen oder konzeptionelle Anforderungen Neuerungen in der Kita ergeben. Selbst, wenn Ihnen konkrete Daten und Inhalte zu Beginn fehlen, gibt es Ihrem Team ein sicheres Gefühl, frühzeitig informiert zu sein. Ihre Zusage, vorausschauend zu planen und Informationen zu jeder Zeit transparent zu halten, reduziert die Sorge, etwas könnte nicht gelingen.

Beziehen Sie das Team mit ein!

Geht es an die konkrete Planung eines Projektes, so können Sie das Team miteinbeziehen. Vielleicht gründen Sie eine Steuerungsgruppe. Beteiligt zu sein, holt die Teammitglieder ins Boot. Das Gefühl, dass nicht „über die Köpfe der Betroffenen hinweg" entschieden wird, stärkt das Vertrauen in die Leitung und den Träger. Und genau das führt zu einer stärkeren Identifikation mit der Kita. Gute Voraussetzungen, um ein motiviertes Team aufzubauen!

Ist das Team unsicher, merken Sie es an einer lauter werdenden Gerüchteküche, deren Grundlage eher auf Vermutungen als auf Tatsachen beruht. Kommt keine realistische Information, liefert die Interpretation der Mitarbeiterinnen die Erklärungen. Das kann üble Stimmung machen, Verwirrung fördern, und irgendwann weiß niemand mehr, was wirklich stimmt. Steuern Sie dem durch Offenheit und Transparenz entgegen.

Die Neueröffnung der Kita: gute Vorbereitung zahlt sich aus

Ganz neu zusammengestellte Teams können nicht auf Bestehendes zurückgreifen und stellen insofern besondere Anforderungen an Sie als Leitung. Ideal ist, wenn das Team einen gewissen Vorlauf – ohne Kinder – zur Planung und zur Einrichtung der Kita hat. Diese Zeit können Sie nutzen, um den Start vorzubereiten, aber auch, um erste konzeptionelle Grundlagen zu legen. Geben Sie Ihrem Team genügend Zeit, Inhalte zu diskutieren, so bauen sich schneller Beziehungen auf. Die Tipps auf der nächsten Seite erleichtern den Start.

8 Tipps zur Kita-Neueröffnung

1 Unterstützen Sie die Mitarbeiterinnen dabei, sich zu positionieren und ihre Rollen zu finden!
Gestalten Sie für die Teammitglieder eine Möglichkeit, sich mit Stärken und Talenten kennenzulernen. Wählen Sie eine Methode, die neugierig macht und sowohl fachliche als auch persönliche Inhalte zulässt.

2 Geben Sie Orientierung!
Welche Rahmenbedingungen und Strukturen wie beispielsweise Anzahl und Alter der Kinder, Gruppenformen, Öffnungszeiten und Mittagessen liegen bereits vor?

3 Sammeln Sie gemeinsam Verantwortungsbereiche und Aufgaben.
Ordnen und organisieren Sie die Inhalte und Abläufe, und verteilen Sie die einzelnen Bereiche im Team. Ihr Team erhält so einen Gesamtüberblick über das, was wichtig ist, um den Betrieb der Kita gut laufen zu lassen.

4 Planen Sie das erste gemeinsame Projekt!
Strukturieren Sie die Inhalte und Aufgaben Ihrer Mitarbeiterinnen! Planen Sie bereits den ersten Tag (oder die erste Woche, den ersten Monat, ganz wie es für Ihre Kita passend ist) für die Kinder: Was muss geregelt werden? Wer macht was? Wie sehen die Gruppen aus? Wie sind die Tagesabläufe? Was muss noch besorgt werden?

5 Legen Sie Grundsteine für den Sinn der gemeinsamen Arbeit!
Erarbeiten Sie ein gemeinsames Leitbild, oder integrieren Sie ein bereits bestehendes Leitbild des Trägers in die Wertebilder des Teams.

6 Vereinbaren Sie Eckpfeiler für pädagogisches Handeln!
Erarbeiten Sie gemeinsame pädagogische Ziele, die in der Kita zum Tragen kommen sollen. Ausgehend davon geht es an die angewandten Methoden und die Bildungsangebote für die Kinder.

7 Schaffen Sie erstrebenswerte Zukunftsbilder!
Wie wird die Kita in zwei Jahren aussehen, wenn Sie durch die Start-Phase durch sind? Diese Frage bezieht sich sowohl auf die Strukturen, die Abläufe, die Pädagogik als auch auf die Zusammenarbeit des Teams.

8 Etablieren Sie Arbeitsmethoden und fördern Sie den konstruktiven Umgang mit Kritik!
Entwickeln Sie Qualität, indem Sie Ihre Aktionen evaluieren. Reflektieren Sie, was förderlich und was störend war. Welche Handlungsweise ergibt sich dann für die Zukunft? Vergessen Sie auch nicht, Ihre Erfolge zu feiern!

Das Leitbild-Tool: Wir erstellen ein Leitbild!

Material: Flipchart, Papier, verschiedene Stifte

Ziele:
- Erstellen eines Werteprofils
- Erarbeiten eines Leitbildes
- Entwurf einer Darstellungsform

Ablauf:
Sammeln Sie zunächst die für Sie wesentlichen Aspekte der pädagogischen Arbeit und der Zusammenarbeit im Team.

Beispiele für pädagogische Aspekte: *Inklusives Arbeiten, Vielfalt, Partizipation, Sprachförderung, Kreativität ...*

Beispiele für die Zusammenarbeit im Team: *Wir-Gefühl, gemeinsame Ziele, Absprachen, Reflexion, Konflikte lösen ...*

Erstellen Sie eine Tabelle, in die Sie diese Begriffe samt Bewertungsskala eintragen. Je höher die Bewertung, desto höher die Wichtigkeit. Alle Teammitglieder geben ihre persönliche Bewertung ab. Diese wird zusammengefasst und ergibt ein Gesamtbild der wichtigsten Werte.

	1	2	3	4
Inklusion				
Vielfalt				
Wir-Gefühl				
Gemeinsame Ziele				
...				

Haben Sie die zentralen Werte ermittelt, so beginnt die kreative Arbeit. Das Team arbeitet nun in Kleingruppen an der Formulierung und an einer Darstellungsform. Dabei kommt es nicht auf die perfekte Formulierung an, sondern die Grundidee zählt.
Nachdem verschiedene Entwürfe vorliegen, wird über die Vergabe von Bewertungspunkten entschieden, welcher Entwurf umgesetzt wird.

Phase 2: Storming – wir entwickeln uns weiter

Praxisbeispiel: Das gefällt mir nicht!

Frau Arens hat sich mittlerweile sehr gut eingelebt in der neuen Kita. Sie hat ein musikalisches Projekt mit einer Gruppe Vorschulkinder gestartet, das auch die Eltern miteinbezieht. Diese sind circa alle zwei Wochen für eine halbe Stunde in der Gruppe, um mit den Kindern gemeinsam zu besprechen, was aktuell ansteht, was für die Aufführung vor den Sommerferien benötigt wird, und wie sie die Kinder unterstützen können.

Frau Ebert ist sehr zufrieden mit diesem Projekt. Es werden mehrere Bildungsbereiche integriert und Partizipation wird großgeschrieben. Sie stellt Frau Arens einen kleinen Teil des Budgets zur Verfügung, um die Requisiten zu ergänzen.

In der letzten Teamsitzung stellte Frau Arens den aktuellen Stand des Angebotes dar. Frau Ebert bemerkte, dass einige Teamkolleginnen dabei nach unten schauten und nichts zum Projekt sagten. Frau Ebert beschloss, das sofort anzusprechen, und bat um eine Meinungsäußerung des Teams.
Die Antwort überraschte sie: „Es ist ungerecht, dass Frau Arens Geld für Anschaffungen bekommt. Wir warten schon so lange auf neue Spiele für die Gruppe. Außerdem kommen nun dauernd die Eltern in den Gruppenraum. Das stört den Ablauf für die übrigen Kinder." Unüberhörbar war die Empörung, die in den Stimmen mitschwang.
Frau Ebert wunderte sich über diese Antwort. Woher kamen diese hochgekochten Emotionen? Das war gar nicht typisch für ihr Team, das sonst so fachlich diskutierte. Waren sie nun in der Storming-Phase angekommen?

> Ein Team, das sich nicht weiterentwickelt, bleibt stehen! Verbessern Sie sich jeden Tag!

Die Storming-Phase

Man bezeichnet diese Phase auch als Konflikt- oder Konfrontationsphase (vgl. Bernitzke, 2009, Seite 68), denn die Zurückhaltung aus der ersten Phase wird nun aufgegeben. Das passiert häufig scheinbar „aus heiterem Himmel" und überrascht die Beteiligten. Da hat dann nicht selten ein Tropfen das Fass zum Überlaufen gebracht. Es geht jetzt um Fragen, die mit der persönlichen Stellung und dem damit verbundenen Aufgaben- und Rollenprofil zu tun haben.

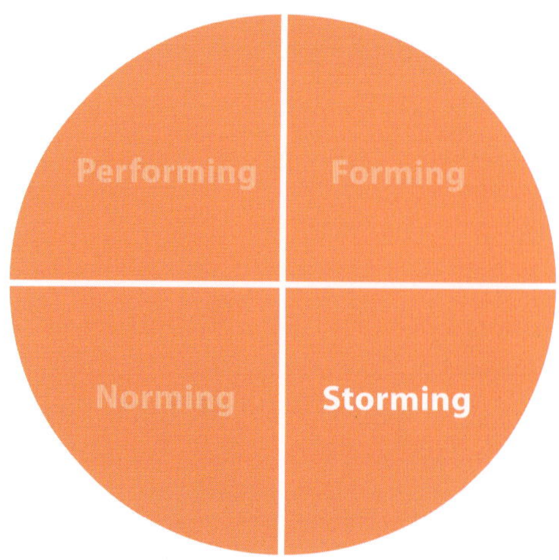

Im Beispiel von Frau Arens: Diese ist engagiert dabei, ihr Projekt zu gestalten. Im restlichen Team kommt hier und da Unmut auf. Dieser Unmut beruht in der Regel auf persönlichen Vorstellungen und Arbeitsweisen, die scheinbar in „Gefahr" geraten sind. Das kann dazu führen, dass Koalitionen gebildet werden, sich der „Tratsch" verstärkt oder der Informationsfluss holpert – alles leise Anzeichen für erhöhten Klärungsbedarf.

Worum geht es wirklich?

Es sind tatsächlich Fragen nach Macht und Einfluss, die die Teammitglieder jetzt bewegen. Denn wer die meiste Macht im Team hat, bestimmt, wo es langgeht, oder kann auch anderen helfen, sich durchzusetzen.

Die persönlichen Fragen drehen sich um die eigene Position, um die Aufgaben und um die eigenen Vorstellungen. Bin ich beispielsweise unter- oder überfordert? Werden andere bevorzugt, und werden Ressourcen gerecht verteilt? Werde ich gesehen und erfahre Wertschätzung? Kann ich vertrauen?
Es geht also um die Klärung von Beziehungsfragen, die, wenn sie geklärt sind, zu einem stabilen Zusammenhalt führen:

- Wer hat die Macht?
- Wer trifft die Entscheidungen?
- Habe ich genügend Einfluss?
- Bin ich zufrieden mit meinen Aufgaben?
- Möchte ich eine neue Aufgabe oder Position?
- Ist meine Rolle oder Position durch andere Ansprüche in Gefahr?

Kann die Storming-Phase nützlich sein?

Definitiv, ja! Das funktioniert jedoch nur, wenn man sie zulässt, sie nicht leugnet, und nicht versucht, durch schnelle und oberflächliche Lösungen ans Ziel zu kommen.
Vielleicht haben Sie das unangenehme Gefühl einer Storming-Phase schon einmal erlebt. Die Stimmung ist angespannt, es kommt zu offenen Auseinandersetzungen, und manchmal wird auch die Sündenbock-Methode als Lösung herangezogen. Das kann alle treffen, auch die Leitung.
Nun heißt es, einen kühlen Kopf zu bewahren, und sich Gedanken darüber zu machen, wie man aus dieser scheinbar ausweglosen Situation wieder herauskommt. Schaffen Sie es, Symptom und Ursache zu trennen und die zugrunde liegenden Motive zu klären, kommt Ihr Team in seiner Entwicklung ein gutes Stück weiter.

Was ist zu tun?

Sie können als Leitung Ihr Team unterstützen, indem Sie aufmerksam hinhören und Ihre Mitarbeiterinnen konkret darauf hinweisen, wenn Sie Klärungsbedarf feststellen. Nicht alle benötigen ein moderiertes Gespräch. Vielleicht reicht der Hinweis: „Setzt euch zusammen, die Kollegin aus der Nachbargruppe wird eure Kinder für eine Stunde betreuen." Das kann schon helfen, die Klärung in Gang zu bringen.

So unterstützen Sie das Team bei Konflikten

- Verhalten Sie sich unparteiisch!
  Bieten Sie Ihre Moderation im Konfliktlösungsgespräch an, unter vier Augen, im Klein- oder im Gesamtteam. Helfen Sie dem Team mit Methoden, den schwierigen Inhalten sowie der Vielschichtigkeit der Sichtweisen Ausdruck zu geben.
- Definieren Sie, wie im Konfliktfall vorgegangen wird:
  - Wo bekomme ich Hilfe zur Selbstklärung?
  - Gibt es Vorlagen zur Konfliktanalyse?
  - Wer wird als Erstes angesprochen?
  - Wann wird die Leitung einbezogen?
  - Welche Gesprächsmöglichkeiten gibt es?
- Unterstützen Sie eigenständige Lösungen der Teammitglieder. Geben Sie den Beteiligten (Dienst-)Zeit, um Gespräche zu führen, und erarbeiten Sie gemeinsam mit dem Team Gesprächsregeln für den Konfliktfall.
- Bringen Sie immer wieder das gemeinsame Ziel ins Gespräch und holen Sie Erfolge ins Bewusstsein. Häufig wirken die negativen Seiten im Konfliktfall zu stark. Positive Erlebnisse stellen die Balance wieder her. Deswegen lohnt es sich, sich zu einigen!
- Halten Sie Ihr Team „konfliktfit", indem Sie regelmäßig mit Supervision und gegenseitigem Feedback arbeiten. Analysieren Sie Ursachen, klären Sie aktiv die Teamrollen, und fördern Sie kreative und konstruktive Lösungen. Arbeiten Sie gemeinsam an Ihrer Haltung zu Konflikten!

> Lösen Sie nicht nur das Problem – beseitigen Sie die Ursache!

Praxisbeispiel: Wir gehen die Ursachen an!

In unserem Beispiel analysiert Frau Ebert zunächst, was die Ursachen des Konfliktes sind: Es geht um die Verwendung der Gelder, um eine konzeptionelle Reflexion zu Partizipation und Erziehungspartnerschaft und die Anpassungen der Tages- und Spielabläufe.

Persönliche Ursachen könnten beispielsweise Rollenirritationen, Zweifel an der Konzeption oder deren Umsetzung, Ängste vor Neuem, Überforderungs- oder Minderwertigkeitsgefühle sein.

Klärungsbedarf

Frau Ebert beschließt, in der nächsten Teamsitzung offensiv an das Thema heranzugehen, denn ihr Team ist es gewohnt, dass Themen sofort angesprochen werden. Diese Stärke möchte sie nut-

Fragebogen: Konfliktanalyse

Sie müssen ein Konfliktgespräch nicht unvorbereitet führen oder begleiten. Nutzen Sie den Fragebogen auf Seite 92, um sich über die wichtigsten Eckpunkte des Konfliktes bewusst zu werden. Das hilft, das Gespräch sachlich zu führen und hochgekochten Emotionen rational zu begegnen.

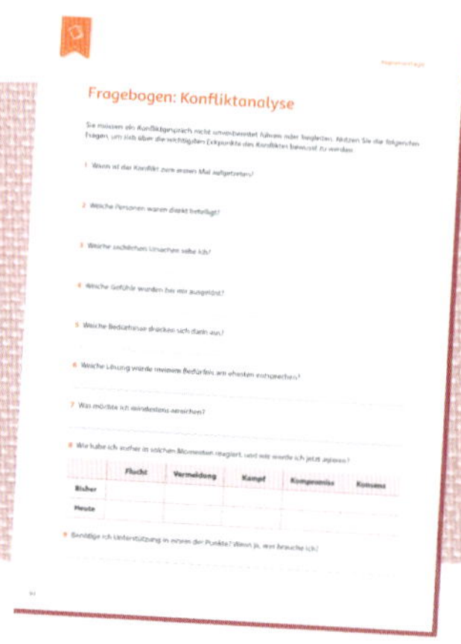
Fragebogen: Konfliktanalyse

zen. Sie wird dann ihre Analyse vorstellen und jedes Teammitglied um eine Rückmeldung bitten. Die Teammitglieder reagieren zunächst überrascht, dann jedoch sehr positiv. Alle äußern ihre Wahrnehmung und kommen überein: „Wir müssen wohl ein paar Dinge klären."

Frau Ebert geht nun den nächsten Schritt: „Wie können wir vorgehen, was meint ihr?" Das Ergebnis ist, dass alle zunächst einmal in Selbstreflexion überlegen, um was es ihnen eigentlich geht, und welches persönliche Ziel sie verfolgen. Frau Ebert bietet dem Team dazu einen Analysebogen an.

Nun hat Frau Ebert der Konfliktbearbeitung eine Struktur gegeben. So kann sich ihr Team darauf einlassen, auch kritische Fragen anzugehen, denn niemand möchte die sonst so guten Beziehungen aufs Spiel setzen. Frau Ebert weiß, dass da noch eine Menge Arbeit ansteht, aber sie weiß auch, dass sich das lohnen wird.

Konfliktmanagement-Tool: Besser klarkommen mit Konflikten!

Material: Moderationskarten, Stifte, Flipchart

Ziele:
- Bewusstmachen der Haltung zu Konflikten
- Reduzierung von „blinden Flecken"
- Reduzierung von Ängsten
- Stärkung der Konfliktlösungskompetenzen
- Erarbeitung von Regeln zur Konfliktlösung im Team

Ablauf:
Jede Person schreibt einen Satz auf die Moderationskarte, der die eigene Haltung in Konfliktsituationen beschreibt. Die Karten werden mit der Rückseite nach oben auf den Tisch gelegt. Jedes Teammitglied zieht reihum eine Karte und nimmt dazu Stellung. Dabei wird nicht über richtig oder falsch entschieden, sondern:

1. Wie wirkt die Aussage auf mich?
2. Welche Gefühle löst sie aus?
3. Was bedeutet das für mich?

Am Flipchart können stärkende Aspekte gesammelt werden. Gleichzeitig können auch Regeln zur Konfliktlösung erarbeitet werden.

Varianten:
- In sehr konfliktreichen Situationen sind die Teammitglieder durch anonyme Aussagen meist offener. Dabei sollte auch die Schrift nicht zurückverfolgbar sein.
- Moderationskarten mit Namen hingegen sorgen für einen direkten persönlichen Austausch, was beziehungsfördernd wirkt.

Phase 3: Norming – wir machen Pläne

Praxisbeispiel: So geht es weiter

Im Team von Frau Ebert fanden während der letzten Wochen sehr viele Gespräche statt. Hier und da gab es auch so etwas wie reinigende Gewitter. Manchmal fragte sie sich: „Ob das jemals aufhört?" Sie stellte aber nach jedem Gespräch fest, dass die Situation etwas klarer wurde, und plötzlich kamen die Sachthemen und die fokussierte Arbeit ihres Teams wieder zum Vorschein. Selbst die gute Grundstimmung kam bald zurück.

Die pädagogischen Themen *Partizipation* und *Erziehungspartnerschaft* hatte sie bei der letzten Teamsitzung zwar angeschnitten, aber die Zeit war zu kurz, um deutlicher zu werden. Nun setzt sie diese Themen für den Konzeptionstag an. In der Teamsitzung stellt sie ihre Idee vor und fragt nach zwei Personen, die Interesse haben, mit ihr an die Planung des Tages zu gehen. „Jetzt arbeiten wir wieder konstruktiv!", freut sie sich.

Die Norming-Phase

In der Norming-Phase geht es um Organisation und Dialog im Team. Was in der Storming-Phase aufgewirbelt wurde, findet nun Lösungswege. Auch Konkurrenz und Profilierung sind nicht mehr so wichtig, stattdessen tritt der gemeinsame Gedanke wieder nach vorn. Das Interesse an Sachlichkeit und Aufgabenorientierung kehrt zurück, und Kommunikation und Kooperation funktionieren wieder. Das wiederum spornt das Team an, weiterhin nach konstruktiven Lösungen zu suchen. Das Zusammengehörigkeitsgefühl beginnt erneut zu wachsen, und alles, was die Teammitglieder näher zusammenbringt, ist willkommen. Jetzt finden die Vorbereitungen für die Hochleistungsphase statt.

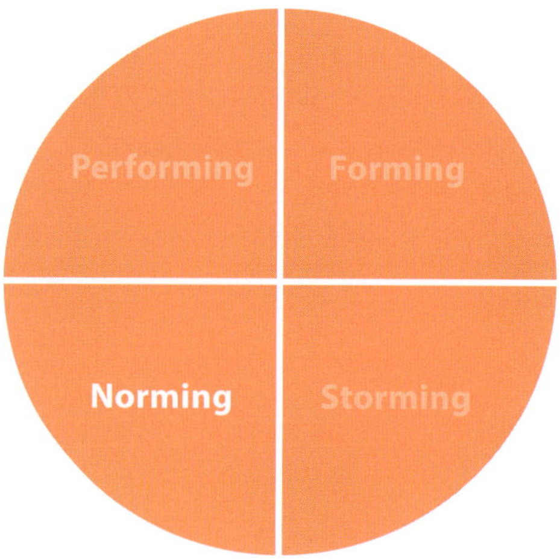

Wie wollen wir in Zukunft miteinander arbeiten?

Das Team möchte sich jetzt weiterentwickeln und macht sich engagiert auf den Weg. Nun sind Aspekte wie Aufgabenorientierung, verbindliche Absprachen und klare Rollenverteilung wieder von Interesse. Selbst unterschiedliche Meinungen lösen keine Beziehungskonflikte mehr aus. Das Vertrauen wächst, und das Team erlebt sich selbst als wirksam. Die individuellen Stärken und Talente treten stärker hervor, und alle entwickeln Freude, diese einzusetzen.

Eine neue gemeinsame Identität beginnt sich zu zeigen, die sich von vorherigen Identitäten darin unterscheidet, dass sie nun an die aktuellen Teammitglieder angepasst ist.

In dieser Phase kann es durchaus passieren, dass dennoch kleinere Auseinandersetzungen auftauchen. Diese können sich neu entwickelt haben, oder sie sind vorher noch nicht abschließend bereinigt worden. Mit der Erfahrung aus der Storming-Phase lassen sich diese Kontroversen meist schnell klären. Hier zeigt sich einmal mehr, dass ein Team, das Konflikten offensiv begegnet, viel besser und schneller im Umgang damit wird.

Welche Impulse kann die Leitung geben?

Das Team braucht Sie nun zur inhaltlichen und methodischen Unterstützung. Denn es kommt jetzt darauf an, echte und kreative Strategien zu entwickeln und nachhaltige Beschlüsse zu fassen. Dazu brauchen Ihre Mitarbeiterinnen Möglichkeiten, sich fachlich auszutauschen, die Interessen abzustimmen und Rollen zu etablieren.
Bringen Sie zum Beispiel immer wieder offene Punkte ins Spiel, und fördern Sie selbstständige Lösungen. Je mehr Ihr Team nun selber schafft, desto autonomer können die Mitarbeiterinnen in der Hochleistungsphase arbeiten.

Gute Themen für die Norming-Phase sind:

- Gemeinsame Ziele finden und Prioritäten festlegen
- Konzeptionen überarbeiten oder neu schreiben
- Jahresplanungen
- Tagesabläufe, Absprachen und Regeln überprüfen und neu gestalten
- Gemeinsame Standards finden, am Qualitätsmanagementsystem arbeiten
- Gemeinsame Rituale finden

Achten Sie darauf, dass es immer noch um Vertrauens- und Beziehungsaufbau geht. Legen Sie Wert auf Fachlichkeit und auf gute Ergebnisse. Schaffen Sie es, zwanglose Momente zu erleben, einen wertschätzenden und lockeren Umgang zu pflegen und Humor einen beständigen Platz im Team zu geben, dann sind Sie mit Ihrem Team auf einem sehr guten Weg.

Sport-Tool: Die Tennisspielerin!

Ziele:
- Erweiterung der Sichtweisen durch Reframing
- Entwickeln neuer Lösungen

Ablauf:
Der Betrachtungsrahmen wird gewechselt: Die Konfliktpartner versetzen sich in einen Bereich des persönlichen Hobbys oder einen anderen fachfremden Bereich. Dort stellen sie sich die Fragen, die sie für die Kita beantworten möchten.

Ein Beispiel: „Stellen Sie sich vor, Sie hätten auf dem Tennisplatz das gleiche Problem. Wie würden Sie es dort lösen?"

Brainstorming-Tool: Brainstorming mal anders!

Ziele:

- Erweiterung der Sichtweisen durch Reframing
- Entwickeln origineller Lösungen

Ablauf:

Beim Brainstorming werden während eines festgelegten Zeitraumes Ideen produziert und notiert. Wichtig ist, dass diese während der ersten Phase nicht bewertet werden. Durch das freie Assoziieren kommen auch neue Ideen hinzu und eine sofortige Bewertung würde diesen Effekt blockieren.

Genauso wird hier auch assoziiert, mit dem Unterschied, dass es zwei Runden gibt. Das Entwickeln der beiden entgegengesetzten Richtungen führt zu veränderten Sichtweisen und lässt die positive Lösung stärker in den Vordergrund treten.

Negatives Brainstorming:

- Was wäre eine schlechte Lösung?
- Was würde eine Lösung verhindern?

Positives Brainstorming:

- Was wäre eine gute Lösung?
- Was ermöglicht eine Lösung?

Phase 4: Performing – wir arbeiten Hand in Hand

Praxisbeispiel: Wir verstehen uns blind

Heute freut sich Frau Ebert ganz besonders auf den Tag. Das große Sommerfest findet endlich statt. Alles ist gut organisiert, jede Mitarbeiterin kennt ihre Aufgabe, und sie ist sicher: „Das wird ein Highlight!" Obwohl die Vorbereitungen viel Zeit und Mühe in Anspruch genommen haben, war bereits im Vorfeld zu spüren, wie engagiert sich alle eingebracht haben. Ja, es war förmlich so, als ob es nichts hätte geben können, was das Team aus dem Takt gebracht hätte.

Auf jeden Fall ist es schon jetzt eine fantastische Leistung, die ihr Team in den letzten Wochen vollbracht hat. Frau Ebert beschließt, dass dies mehr als ein einfaches Lob braucht. „Wie könnten wir die reibungslose Zusammenarbeit und den Erfolg des Festes im Anschluss feiern?" Heute Abend, nach dem Fest, wird sie das Team nach deren Wünschen fragen: „Wie möchtet ihr unseren Erfolg bei dem Fest feiern?" Welche Einfälle die Mitarbeiterinnen wohl haben werden?

Die Performing-Phase

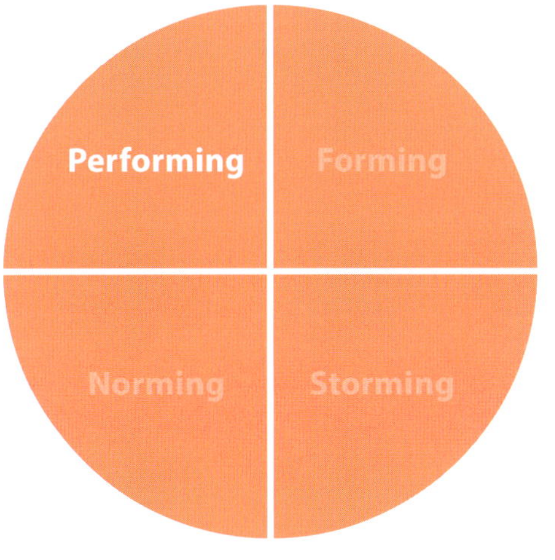

Die Performing-Phase wird nicht umsonst auch Hochleistungs- und Verschmelzungs-Phase (vgl. Francis; Young, 1998, Seite 23 f.) genannt. Das Team ist mittlerweile so abgestimmt, dass die einzelnen Aktionen nur noch wenig Absprache brauchen. Alle bringen nun ihre Talente und Stärken in vollem Umfang ein. Rollen und Aufgaben sind klar und anerkannt. Ganz deutlich werden die Potenziale des Teams, die sich in Produktivität, selbstständigem Arbeiten und Leistungsstärke zeigen. Jetzt spürt man, dass ein solches Team mehr als die Summe seiner Teile leisten kann.

Alle setzen sich nun füreinander ein und das Wir-Gefühl ist spürbar. Das Vertrauen ist gewachsen, und der Umgang miteinander ist zwanglos. Die Zusammenarbeit macht allen Freude, und die Aufgaben werden scheinbar mühelos bewältigt.

Herausforderung: Nicht stehen bleiben!

In dieser Phase, die sich für ein Team sehr angenehm anfühlt, ist das Bestreben groß, den Hochleistungs- und Verschmelzungszustand zu erhalten, ja, geradezu zu konservieren. Das ist einerseits positiv, denn ein Performing-Team leistet viel, und ist für die Kita absolut wertvoll. Einmal dort angekommen, kann es andererseits passieren, dass keine Impulse mehr zugelassen werden, die diesen Zustand in Gefahr bringen könnten. Das Team bleibt sozusagen stehen. Zunächst fällt das nicht auf, da sich ein solches Team immer wieder selbst bestätigt. Erst wenn sich Rahmenbedingungen oder Personal ändern, wird deutlich, dass dieses Team seine Fähigkeiten zur Integration neuer Themen verloren hat.

Es ist in dieser Phase wichtig, das Team zu stabilisieren – es jedoch gleichzeitig flexibel zu halten. Der Zusammenhalt und die hohe Leistungsfähigkeit sind Eigenschaften, die sehr positiv sind, und diese sollten nicht leichtfertig aufs Spiel gesetzt werden.

Fordern Sie Ihr Team weiter

Es braucht also auch ein wenig Fingerspitzengefühl der Leitung, jetzt die richtigen Impulse zu geben. Ein Hochleistungsteam arbeitet weitgehend selbstständig und benötigt die Leitung nicht mehr in dem Maße wie in den vorangegangenen Phasen. Das könnte die Leitung dazu verleiten, weniger aktiv zu sein in der Steuerung des Teams, nach dem Motto: „Das Fest ist super gelaufen, wir brauchen nicht reflektieren." Doch genau das ist notwendig, um die Hochleistungsfähigkeiten des Teams zu erhalten.
Themen, die jetzt sehr gut bearbeitet werden können, beziehen sich auf die Weiterentwicklung des Personals sowie der pädagogischen Inhalte und Abläufe. Laden Sie Ihr Team immer wieder ein zu reflektieren, zu hinterfragen und sich neu zu positionieren. Persönliche und fachliche Auseinandersetzung passt sehr gut in leistungsstarke Teams. Das fördert Beständigkeit, Zusammenhalt, Anpassungs- und Konfliktlösungsfähigkeit!

Passende Inhalte für die Performing-Phase sind:

- Jahresgespräche
- Fortbildungen und Supervision
- Regelmäßiges Feedback
- Konzeptionsarbeit
- Teamtage
- Planungskonferenzen
- Kontrolle und Evaluation der Arbeit
- Qualitätsmanagement
- Öffentlichkeitsarbeit
- Netzwerkarbeit und Kooperationen
- Positionierung im Gesamtunternehmen

3-Möglichkeiten-Tool: Mache mehr! Mache weniger! Behalte bei!

Ziele:

- Konstruktives Feedback geben und nehmen
- Weiterentwicklung der Teammitglieder

Ablauf:

Jede Person im Team erhält ein Feedback zu den drei Aspekten: Mache mehr! Mache weniger! Behalte bei! Die Teammitglieder geben jeweils einer Person ein Feedback. Dabei wird kein „Gruppenfeedback" abgegeben, sondern eine sehr persönliche Rückmeldung von Person zu Person. Um nicht bei Phrasen zu landen, ist Vorbereitung und Zeit notwendig. So kann man beispielsweise in jeder Teamsitzung mit einer Kollegin daran arbeiten und sich kontinuierlich weiterentwickeln.
Ein solches Feedback ist intensiv und anspruchsvoll – nicht nur für diejenige Person, die Feedback bekommt, sondern auch für die Feedbackgeber. Wertschätzende Kommunikation und zuvor gemeinsam erstellte Feedbackregeln unterstützen die Methode.

Feedback-Tool: Wärmendes Feedback

Ziele:
- Stärkenorientiertes Feedback geben und nehmen
- Weiterentwicklung der Teammitglieder

Ablauf:
Das Team gibt einem Teammitglied ein Feedback, das die Stärken dieser Kollegin betont. Dazu setzt sich die betreffende Person in die Mitte des Teams und wird reihum mit Stärken „gewärmt". So viel Positives zu hören, ist etwas ganz Besonderes und für viele gar nicht so leicht. Besonders in einem sehr fordernden Arbeitsalltag wirkt ein solch wärmendes Feedback dauerhaft stützend.

Variante:
Jedes Teammitglied nimmt sich ein DIN-A4-Blatt und beschriftet es am Seitenende mit dem Namen. Nun werden alle Blätter in eine Richtung weitergegeben, und jeder schreibt für jeden ein positives Feedback oben auf das Blatt. Das Blatt wird dabei von oben so gefaltet, dass das Geschriebene nicht sichtbar ist. Jetzt geht es in der Reihe weiter und alle verfahren immer gleich: Stärke notieren, Blatt falten, weitergeben. Irgendwann kommt das Blatt bei der Person selber an, und es kann nun gelesen werden. Als gemeinschaftlichen Abschluss liest jede Kollegin etwas vor, das für sie besonders bedeutsam ist.

Phase 5: Adjourning – Auflösung und Abschied

Praxisbeispiel: Wie schade – die Kollegin geht in Rente

Frau Zimmermann, die langjährige Stellvertreterin von Frau Ebert, wird ihren Arbeitsplatz in einem halben Jahr verlassen. Sie möchte ihren wohlverdienten Ruhestand antreten. Über die ganzen Jahre war Frau Zimmermann eine der leistungsstarken und kollegialen Mitarbeiterinnen. Sie war immer eine der Ersten, wenn es um Verbesserungen für Kinder, Eltern und Kolleginnen ging, und hat manch innovatives Projekt angestoßen. Frau Ebert mag sie gar nicht gehen lassen. Auch im Team kam es schon zu Tränen, als Frau Zimmermann das Datum bekannt gab.

Frau Ebert überlegt, ob das Thema *Abschied* im Kolleginnen-Kreis eigentlich schon einmal wirklich bewusst wahrgenommen und gestaltet wurde. Natürlich gibt es den jährlichen Abschied der Schulkinder. Aber bei Frau Zimmermann ist das etwas anderes. Es gibt vieles zu berücksichtigen.

„Besser," so denkt Frau Ebert, „wir beraten frühzeitig darüber, wie Frau Zimmermann ihre Zeit bis zum Austritt gestalten möchte." Auch die Rahmenbedingungen müssen mit dem Träger abgestimmt werden. Wie wird die Stellenbesetzung und die Nachfolge in der Leitungsvertretung geregelt werden.

Sie setzt drei Termine fest:

1 Persönliches Gespräch mit Frau Zimmermann über ihre Vorstellungen und die Regelung des Übergangs
2 Klärung der Rahmenbedingungen mit dem Träger: muss bis zur letzten Stunde gearbeitet werden, gibt es eine Abschlussfeier, wie hoch ist das Budget dafür?
3 Planung des verbleibenden Zeitraumes und des Abschiedsrituals in der nächsten Teamsitzung

Die Adjourning-Phase

Diese Phase ist besonders, denn sie ist nicht automatisch Teil des Kreislaufs der Teamentwicklung. Die Trennungsphase kommt nur hinzu, wenn es darum geht, Abschied von etwas oder jemandem zu nehmen. Das kann eine liebe Kollegin sein, aber auch ein Projekt, das das Team eine Weile begleitet hat.

Mit einem lachenden und einem weinenden Auge

Die Teammitglieder müssen sich nun der Frage des Loslassens stellen. Das betrifft nicht nur die notwendige Neuorganisation, sondern es spielen auch Verlustgefühle eine Rolle. Ambivalente Gefühle sind dabei nicht selten – einerseits Traurigkeit, weil die Kollegin nun geht, andererseits Freude, da man deren Stelle übernehmen kann. Eine emotional sehr intensive Phase!

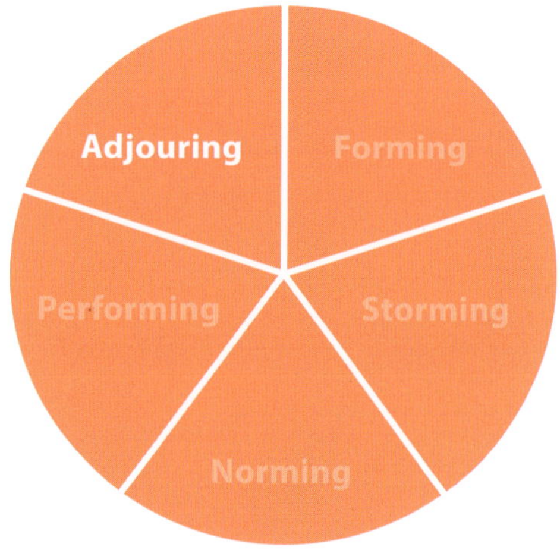

Abschied nehmen ist individuell

Typisch in dieser Phase ist, dass die aufgebauten Beziehungen jetzt wieder lockerer werden und das „Wir" mehr und mehr in den Hintergrund gerät. Die persönlichen Sichtweisen von Abschied werden nun erkennbar. Loslassen hat für jeden eine individuelle Bedeutung, was erklärt, warum sich Menschen so unterschiedlich verhalten. Sie kennen sicherlich die, die ein großes tränenreiches Abschiedsfest feiern, und auch die, die am liebsten klammheimlich verschwinden würden. Es gibt auch Menschen, die am Schluss vieles in schlechtes Licht rücken – so fällt es leichter loszulassen.

Das Gleiche passiert in ähnlicher Weise, wenn ein Projekt abgeschlossen wird oder eine Arbeitsweise sich verändert. Auch dann heißt es: Abschied nehmen von der gemeinsamen Arbeit und der Arbeitsgruppe. Mit dem Erreichen des Ziels verschwindet der Sinn, die eine Arbeitsgruppe die gesamte Zeit über geleitet haben. Damit verbunden ist häufig ein Motivationstief mit der Frage: „Was kommt jetzt?“ Einen solchen Moment haben Sie vielleicht auch bereits einmal wahrgenommen als: „Da braucht jemand eine neue Aufgabe!“

Praxistipp: Projektmappe

Legen Sie eine Projektmappe an, in der Sie die wesentlichen Informationen zu Ihren Projekten festhalten. Hier sollte nicht das gesamte Material abgeheftet werden, das wäre zu umfangreich. Enthalten sind die Evaluation und kurze Berichte zum Ablauf, zur Struktur sowie zum Ergebnis.
Schaffen Sie ein „Nachschlagewerk“, das die wichtigen Aspekte auf einen Blick sichtbar macht, und vor allem die Verbesserungsmöglichkeiten zentral erfasst. Nehmen Sie diese Zusammenfassungen vor einem neuen Vorhaben zur Hand, und optimieren Sie so das neue Projekt. So wird sich das ganze Team kontinuierlich verbessern! Als Hilfe hierfür finden Sie auf Seite 93 einen Evaluationsbogen, den Sie für Ihre Projekte ausfüllen können.

Gut beendet – so beenden Sie ein erfolgreiches Projekt gut:

1. Wann ist das Projekt beendet? Was muss an diesem Datum vorliegen? Was passiert dann?
   → **So schaffen Sie Klarheit!**
2. Wie und was wird dokumentiert? Wie werden Ergebnisse gesichert?
   → **So sorgen Sie für zukünftige Nutzbarkeit und ziehen Bilanz!**
3. Wie wird evaluiert und reflektiert? Was sind die wichtigsten Erkenntnisse aus dem Projekt? Was können wir beim nächsten Mal besser machen?
   → **So entwickeln Sie sich weiter!**
4. Wie werden die Erfolge gewürdigt?
   → **Das erzeugt Motivation für zukünftige Projekte!**
5. Wie gestaltet die Projektgruppe ihr letztes Treffen? Gibt es ein Ritual?
   → **Das hilft loszulassen!**
6. Was passiert nach dem Projekt? Gibt es eine Verlängerung? Gibt es etwas Neues?
   → **Perspektiven verhindern das Motivationsloch!**

Das Feuer-Tool: Feuerritual

Material: Papier, Stifte, feuerfestes Gefäß

Ziele:
- Loslassen
- Abschied nehmen

Ablauf:
Alle Teammitglieder schreiben auf Zettel auf, was sie zum bevorstehenden Abschied beschäftigt. Diese Notizen werden in einem feuerfesten Gefäß verbrannt. (Achten Sie auf eine brandsichere Umgebung und stellen Sie Wasser oder Feuerlöscher zum Löschen bereit.) Diese Methode kann vor, während oder nachdem sich jemand aus dem Team verabschiedet hat, durchgeführt werden. Die Zettel dazu können im Abschiedskreis vorgelesen oder still verbrannt werden. Entscheiden Sie gemeinsam, wie Sie das handhaben möchten. Die Notizen können unterschiedliche Aspekte beschreiben:
- Was ich dir nicht mehr sagen konnte.
- Was ich dir mitgeben möchte.
- Was ich loslassen möchte.
- Wovon ich Abschied nehmen möchte.

Variante:
Diese Methode erzeugt durch das Feuer eine besondere Stimmung. Das können Sie unterstreichen, indem Sie zum Beispiel gemeinsam erlebte Geschichten erzählen, Dank aussprechen oder einen Toast ausbringen.

Der richtige Abschied

Wie bei den anderen Teamphasen gilt auch hier: Je besser ein Team die Adjourning-Phase bewältigt, desto freier sind alle Beteiligten im Anschluss daran, neue Wege zu beschreiten. Das können Sie unternehmen, um im Team für Zufriedenheit zu sorgen:

6 Tipps zum richtigen Abschied

1. Gibt es einen Herzenswunsch, der noch erfüllt werden könnte? Vielleicht ein bestimmtes Projekt mit den Kindern?
   → **So bekommt die Trennungsphase wieder einen Sinn!**

2. Was muss erledigt werden? Aufräumen, persönliche Sachen packen? Wann passiert das?
   → **So entsteht kein Zeitdruck!**

3. Was muss noch geklärt und gesagt werden? Wann soll das passieren?
   → **So werden frühere Konflikte bereinigt, und der Weg in die Zukunft ist frei!**

4. Wie soll der Übergang gestaltet werden? Gibt eine Möglichkeit der Einarbeitung?
   → **So sichern die Beteiligten einen nahtlosen Übergang für das Team und vor allem für Kinder und Familien!**

5. Wann soll die Abschiedsfeierlichkeit stattfinden? Wer nimmt teil? Was soll passieren?
   → **So setzen Sie einen selbstbestimmten Schlusspunkt!**

6. Wie geht es weiter? Gibt es weitere Kontakte? Wie sind die gestaltet?
   → **So schaffen Sie Perspektiven!**

Das Insel-Tool: Die Insel

Material: Zettel, Stifte, Moderationspapier für die Pinnwand

Ziele:
- Inhalte reflektieren
- Mitnehmen oder loslassen?

Ablauf:
Auf ein großes Papier wird eine Insel mit Strand, umgeben von Wasser, gemalt. So ergeben sich drei Bereiche: die Insel selbst, der Stand, an dem immer mal wieder etwas angeschwemmt wird, und das Meer. Dementsprechend werden von den Teammitgliedern folgende Fragestellungen bearbeitet:

Insel: Was möchte ich behalten? Was hat mich weitergebracht?
Strand: Was ist mir nicht ganz klar? Wo bin ich unsicher?
Meer: Was brauche ich nicht? Was möchte ich loslassen?

Die Antworten zu den Fragen werden auf Zettel notiert, reihum vorgelesen und an die passende Stelle auf das Bild gepinnt. Die Methode ist sowohl für den Abschied von einer Person geeignet als auch zum Abschluss eines Projektes.

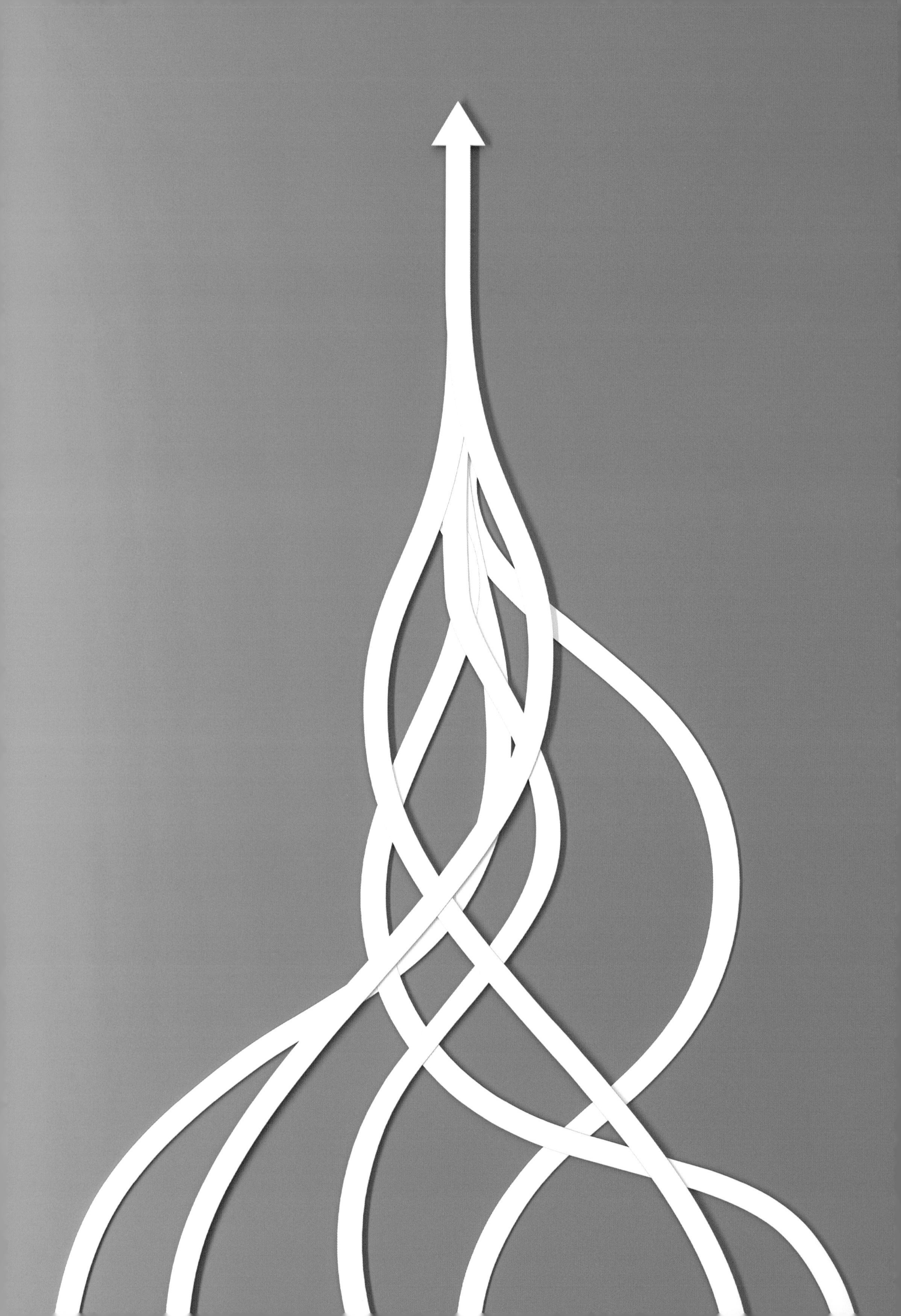

Ein Team leiten

Wie Sie Ihr Team ideal unterstützen und fördern

Frau Ebert wird sich morgen für drei bis vier Wochen aus dem Dienst verabschieden. Sie hat nun endlich einen Termin für eine lange geplante Operation bekommen und wird einige Zeit brauchen, bis sie wieder einsatzfähig ist.
Da kommt ihr ein Gedanke: „Haben wir genügend Strukturen erarbeitet, damit das Team weiß, in welchem Fall es wie entscheiden kann? Oder sammelt sich die Werbung auf meinem Tisch?" In der letzten Teamsitzung hatten sie darüber gesprochen, dass sie momentan gut ausgestattet sind und nichts weiter benötigen. „Mal sehen", denkt sie.
Und gleichzeitig kommt ihr der nächste Gedanke: „Ist die Katze aus dem Haus, tanzen die Mäuse auf dem Tisch!" Ob das auch in ihrem Team so sein wird? Wie wichtig eine gute Führung des Teams ist, wird ihr erst jetzt, wenn sie nicht anwesend sein wird, klar.

Ein Team leiten

Leitung vs. Führung – was ist der Unterschied?

Man benutzt sie oft gleichzeitig, die Begriffe *Leitung* und *Führung*. Sie sind in ihrer Bedeutung jedoch unterschiedlich.
Der Begriff *Leitung* steht für die Position, die bekleidet wird. Dies beinhaltet die damit verbundenen Aufgaben und Befugnisse, die im Stellenprofil aufgelistet sind:

- Wie sind die Verantwortlichkeiten und Aufgaben geregelt?
- Wer ist wem über-, gleich- oder unterstellt?
- Wer darf welche Entscheidungen treffen?
- Wer hat Aufsichts- und Kontrollpflichten?

Der Begriff *Führung* beschreibt die Impulse, die durch die Leitung gesetzt werden, um das Team zu steuern. Das beinhaltet einerseits Unterstützung und andererseits das Setzen von Grenzen – alles mit dem Ziel, den Betrieb der Kita sicherzustellen. Führungsverhalten ist individuell und verbessert sich durch regelmäßige Reflexion. Denn wer führt, hat auch Macht, und die ist unmittelbar mit den Menschen im Team verknüpft. Diese Macht kann so eingesetzt werden, dass sie positive Effekte hervorbringt oder – entgegengesetzt – als Willkür erlebt wird. Oft wird auch die Verantwortung der Leitungstätigkeit als belastend erlebt. Gerade zu Beginn dieser Arbeit hilft Supervision und Leitungscoaching, die richtige Einstellung zu entwickeln. *Führung* beschreibt also, wie die Aufgaben der Leitung umgesetzt werden:

- Welches Führungskonzept wird angewandt?
- Welche Werkzeuge und Methoden werden benutzt?
- Wie wird strukturiert und organisiert?
- Wie wird kommuniziert?

Wie führe ich erfolgreich ein Team?

Als Führungskraft steuern Sie Ihr Team. Doch welche Impulse sind wichtig und welche nicht? Ähnlich einem Zahnrad greifen alle Maßnahmen ineinander und führen – wenn alles in Balance ist – zu einem reibungslosen Zusammenspiel. Gibt es Sand im Getriebe, stockt das Ganze, und die Zusammenarbeit ist gestört. Das Ziel einer guten Teamführung sollte sein, dass alle Räder möglichst reibungslos ineinandergreifen. Führung beinhaltet viele Aspekte: alles, was Sie als Leitung einbringen, hat eine Wirkung. Doch welche Faktoren lassen sich besonders hervorheben?

Hochleistungsteams haben klare Ziele und sind durch eine wertschätzende und anerkannte Teamführung und -entwicklung motiviert. Eine durchdachte Organisation unterstützt die Teammitglieder darin, ihre Arbeit Hand in Hand umzusetzen.

Teamführung und -entwicklung

Die Entscheidung der einzelnen Personen, in einem Team mitzuarbeiten, ist in hohem Maße davon abhängig, ob sie ihre Interessen und Talente in den Teamprozess einbringen können. Ihre reflektierte Führung spielt dabei eine zentrale Rolle. Schaffen Sie es, durch authentisches Verhalten Vertrauen zu schaffen, so werden Sie eine stabile Arbeitsbeziehung aufbauen können. Glauben die Teammitglieder Ihnen, dass Ihre Absicht, das Team voranzubringen, echt ist, dann folgen sie Ihnen. Fühlen sich die Mitarbeiterinnen durch Ihr offenes Ohr gehört, so werden sie sich einlassen, wenn Sie das Team herausfordern.

Führen Sie Ihr Team in die Höchstleistung

Ein Team durchläuft in seiner Entwicklung die Teamphasen nahezu automatisch, jedoch ist das Verhalten der Leitung ebenso entscheidend, wann und wie ein Team die Hochleistungsphase erreicht. Begleiten Sie Ihr Team, indem Sie integer, überlegt und selbstständig handeln. Ermutigen Sie auch die Teammitglieder, eigene Haltungen zu entwickeln und zu äußern und mutig an Herausforderungen heranzugehen. Entwickeln Sie Ihre Überzeugungskraft, indem Sie Ihre Haltungen und Vorstellungen durchdenken und diese im Team darstellen. Zurechtweisungen, zu viel Kontrolle und Misstrauen holen Ihre Mitarbeiterinnen nicht ins Boot, sondern lassen sie nach Möglichkeiten des Ausstiegs Ausschau halten.

Hinterfragen Sie Ihre Führung

Reflektieren Sie also selbstkritisch Ihr Führungsverhalten. Nicht die Selbstbestätigung erweitert Ihre Kompetenzen. Die Stellen, an denen Sie Ihre Selbstführung vernachlässigt haben, zeigen Ihnen Entwicklungsmöglichkeiten auf. Suchen Sie nach Widersprüchen in Ihrem Auftreten, die Ihr Team irritieren. Finden Sie Momente der eigenen Überforderung, die Ihr Team verunsichert. Eine unparteiische Person, die Ihnen ein offenes und ehrliches Feedback gibt, hilft Ihnen dabei.

Kontrolle – nein danke?

Für die einen ist Kontrolle eine einengende Maßnahme. Da kommen vielleicht Assoziationen wie Misstrauen und Vorschriften hoch. Für andere ist Kontrolle ein beruhigendes Sicherheitsnetz, das im Notfall da ist, um Schlimmeres zu verhindern.

Eines ist klar: Kontrolle gehört zur Leitungsposition dazu. Und wir alle haben unsere Erfahrungen damit gemacht, wenn Fehler zu einem Problem geführt haben. Klar ist aber auch: Fehler führen, eingebettet in eine konstruktive Fehlerkultur, zu einem sichtbaren Lerneffekt.
Fehler entstehen aus fehlenden fachlichen oder persönlichen Fähigkeiten, aber auch aus Unaufmerksamkeit. Führungsfehler ergeben sich, wenn die beschriebenen Aspekte nicht umgesetzt werden. Sie sind besonders gravierend, da sie ein ganzes Team destabilisieren können.

Aus Fehlern zu lernen und Korrekturen durchzuführen, erfordert, sie aus dem Bereich des „persönlichen Versagens" herauszuholen. Betrachten Sie Fehler stattdessen sachlich und fachlich und als Chance, die Arbeit des Teams zu verbessern.

6 Denkanstöße für das richtige Fehlermanagement

1 Alle machen Fehler. Üben Sie sich selbst und anderen gegenüber in Geduld und Toleranz. Korrigieren Sie die Fehler, und nehmen Sie moralischen Druck heraus.

2 Fehler zeigen Schwachstellen im System auf. Bemühen Sie sich, diese zu verändern. Stimmt die Struktur nicht mehr oder braucht die Mitarbeiterin fachliche oder persönliche Unterstützung? Ermutigen Sie Ihr Kita-Team dazuzulernen!

3 Analysieren Sie bevor Sie beurteilen! Fragen Sie nach Gründen, Vorgeschichten und beabsichtigten Wirkungen, um herauszufinden, wo die Ursachen der Fehler liegen. Können Sie diese klären, so wird der Fehler verschwinden!

4 Nutzen Sie Methoden der Teamreflexion, die alle an Korrekturprozessen beteiligen. Halten Sie die Ergebnisse fest, um sie in Ihre nächste Planung einzubeziehen!

5 Tauchen dennoch Fehler immer wieder auf, fragen Sie einmal nach: Wer profitiert von dem Fehlverhalten? Wem nützt es? Diese Frage lässt die Beteiligten oft erst einmal stutzig werden, führt jedoch oft zu erstaunlichen Ergebnissen.

6 Nehmen Sie gravierende Fehler wahr, und bearbeiten Sie diese unbedingt mit den Beteiligten. Welche Maßnahmen sind notwendig, um hier eine Korrektur zu bewirken?

Was ist der richtige Führungsstil?

Führungsstile haben Sie sicher bereits einige kennengelernt. Sie begegnen uns bereits im Elternhaus, später in der Schule und in der Ausbildung. So prägen sie damit Ihr Führungsverhalten, was sich zusammensetzt aus erstrebenswerten und abgelehnten Führungsbildern. Gleichzeitig erweitert das Wissen um Führungsstile Ihr Verhaltensrepertoire. Reflektieren Sie als Führungskraft Ihr Verhalten dann, so kommen Sie zu einer persönlichen Variante, die Ihren Stärken und Ihrer Persönlichkeit entspricht.

Ein kooperativer Führungsstil hat im Hinblick auf die Führung eines autonomen Hochleistungsteams einige Vorteile. Entscheidungen werden hier zu großen Teilen gemeinsam getroffen, und ein solches Team ist es gewohnt, innerhalb eines definierten Rahmens seine Arbeitsprozesse zu gestalten. Die Verantwortungsübernahme ist höher als bei anderen Führungsstilen, da so geführte Teams klare Ziele haben und immer wieder in Reflexionsprozessen arbeiten – und das mit dem größtmöglichen Grad an Partizipation.
Die Führung eines Teams ist nicht immer gleich, wie die unterschiedlichen Erfordernisse der Teamphasen zeigen. Sie kennen Ihr Team und wissen, dass nicht die immer gleichen Führungsimpulse, sondern die situativ angepasste Steuerung zum Erfolg führt.

Mit einer Mischung aus Aufgaben- und Mitarbeiterorientierung können Sie Ihr Team ausgewogen führen. Wichtig ist, dass Ihr Team spürt, dass Sie hinter ihm stehen – fachlich und persönlich. Sicherlich motiviert es Sie, wenn Ihr Team auch in schwierigen Phasen zu Ihnen steht.

Kommunikation – mehr als bloße Theorie!

Durch das miteinander Sprechen nehmen wir Kontakt zueinander auf, drücken unsere fachlichen Ideen und Vorstellungen aus, und bringen gleichzeitig auch unsere Haltung und unsere Erwartungen zum Ausdruck.

Und obwohl die großen Theoretiker wie Rogers, Watzlawick und Co. in den Lehrplänen der pädagogischen Ausbildung zu finden sind, nimmt die Reflexion der Teamsprache oft sehr wenig Raum ein. Dabei ist sie entscheidend, um ein angenehmes Teamklima zu schaffen, zu guten Ergebnissen zu kommen, erfolgreich zu verhandeln und Menschen in schwierigen Situationen zu beraten.

Kommandozentrale Leitungsbüro

„Was hat das Ganze mit Führung zu tun", fragen Sie sich vielleicht. Sie als Leitung sind so etwas wie die Zentrale der Kommunikation. Bei Ihnen laufen Informationen zusammen, Sie geben Mitteilungen weiter, und Sie machen das auf eine bestimmte Art und Weise. Hier beginnt der Unterschied! Vermitteln Sie dabei Anerkennung und Respekt? Sind Sie interessiert an Vielfalt? Legen Sie Wert auf Achtsamkeit, Verbindlichkeit und Akzeptanz?

Wertschätzung schafft Identifikation

Auch die Kritikfähigkeit nimmt durch Ihr positives Kommunikationsverhalten zu. In einer wohlwollenden Atmosphäre ist es leichter, über Fehler zu sprechen – und das ermöglicht, die enorme Chance, die darin liegt, zu nutzen.

In wertgeschätzten Teams sind Zufriedenheit und Verbundenheit hoch. Solche Teams schaffen es auch, stressbelastete Zeiten gut zu bewältigen. Die Mitarbeiterinnen haben einen guten Grund an ihrem Arbeitsplatz festzuhalten und identifizieren sich stärker. Und sie bieten Kindern und Eltern ein lebendiges Vorbild in Sachen Kommunikation.

Exkurs: Gewaltfreie Kommunikation (GFK) nach Marschall B. Rosenberg (2013)

„Gewaltfrei kommunizieren, auch wenn ich ärgerlich bin, ... geht das?" Tatsächlich verbessert die GFK unsere zwischenmenschlichen Beziehungen wie auch die Übernahme von Verantwortung für unser Sprechen. Es geht dabei um eine Haltung, die das Erkennen von Konfliktursachen und das Entwickeln friedlicher Übereinkünfte fördert. Lösungen, die sich an Bedürfnislagen orientieren, machen zufrieden und versöhnen.

Im täglichen Miteinander angewandt, drückt die GFK Wertschätzung und Empathie aus. Rosenberg beschreibt zwei Möglichkeiten der Kommunikation:
Die Giraffe denkt mit dem Herzen. Ihre Sprache drückt Empathie, Verantwortung und Wertschätzung aus. Sie stellt Empfindungen in den Vordergrund und spricht sie aus. Giraffensprache setzt bei den Gefühlen und Bedürfnissen an und führt auf geradem Weg zur Lösung.
Der Wolf denkt mit seinen Zähnen. Seine Sprache greift an, bewertet und weist Schuld zu. Er setzt seine Macht ein und bestraft, belohnt, droht und fordert. Diese Sprache verletzt, demütigt und gefährdet unsere Beziehungen.

Fördern und Fordern gleichzeitig?

Das Gefühl, neue Herausforderungen bewältigen zu können und sich dabei unterstützt zu fühlen, lässt ein Team engagiert an unbekannte Aufgaben herangehen. Ein auf sich allein gestelltes Team könnte blockieren und Weiterentwicklung verhindern.

Für Sie als Leitung bedeutet das, zwischen Fördern und Fordern eine ausbalancierte Mischung herzustellen – und das gleichermaßen bezogen auf das Team als Ganzes und auf seine individuellen Mitglieder. Ein Hochleistungsteam kann Schwächen Einzelner zwar ausgleichen, jedoch steigen die Leistungsfähigkeit und der Identifikationsfaktor mit dem Team noch einmal an, wenn sich alle auch persönlich weiterentwickeln wollen und zu einem erstrebenswerten Gesamtergebnis des Teams beitragen können. Zu wissen, dass man „mitgezogen" wird, ist in der Regel nicht motivierend.

Agieren Sie insgesamt unterstützend und beratend, wirkt sich das positiv auf die Teammitglieder aus. Ein stärkendes Mitarbeitergespräch, eine qualifizierende Fortbildung und auch ein empathisches Hinhören auf menschlicher Ebene fördern das Selbstvertrauen und die Stärken Ihrer Mitarbeiterinnen.

Wann fördern und wann fordern?

Fördern verbinden wir mit Unterstützung und Hilfestellung. Fordern ruft uns auf, etwas zu bewältigen. Beide Varianten führen zum Ziel, wie, das ist jedoch von Person zu Person unterschiedlich.

Schleichen sich beispielsweise Konflikte im Team ein, braucht es Ihre Moderation (Fördern) und das Festlegen eines Gesprächstermins (Fordern), um den Konflikt anzugehen. Fördern und Fordern sind ein eingespieltes Team und bilden auch als Duo eine wirksame Mischung.

Wenn Sie nicht ganz sicher sind, fragen Sie ruhig Ihr Team, was es jetzt braucht. Vielleicht überrascht es Sie mit einer klaren Antwort!

Ziele und Motivation – wie hängt das zusammen?

Ihr Team arbeitet am besten, wenn alle an einem Strang ziehen – das haben Sie vermutlich schon häufiger erlebt. Selbst ein Team, das noch nicht vollständig in der Hochleistungsphase angekommen ist, arbeitet Hand in Hand, wenn ein gemeinsames Ziel auftaucht. Und Sie kennen sicher das Phänomen des erfolgreichen Meisterns eines Kita-Festes, obwohl es im Team kriselt.

Doch wie schaffen Sie es, dieses fokussierte Arbeiten des Teams auf Dauer zu entwickeln? Es gibt verschiedene Möglichkeiten.
Als gemeinsame pädagogische Grundlage der Kita ist Zielorientierung ein wichtiger Faktor. Ziele finden sich gemeinsam mit einem Leitbild in der Konzeption der Einrichtung. Diese ist die Arbeitsgrundlage für die Teammitglieder. Hier wird nicht nur das Bild des Kindes dargestellt, sondern es werden auch pädagogische Methoden zusammen erarbeitet. Ein solcher Prozess der gemeinschaftlichen Einigung bewirkt das zielfokussierte Arbeiten Ihres Teams.

Darüber hinaus gibt es Ziele, die für jeden einen inneren Antrieb darstellen können. Schafft ein Team es, eine verbindende Vision von dem zu entwickeln, was es mit seiner Arbeit bewirken und erreichen möchte, ist das ein Motor, der alle enorm anspornt.

Ihre Aufgabe als Leitung kann nun sein, diesen Prozess immer wieder anzuregen. Regelmäßige Reflexionen, ob Ziele und Visionen noch passen, sind sehr gut geeignet. Vor allem aber ist die Art und Weise, wie Sie als Leitung Ihre Vision für das Team nachvollziehbar machen, ausschlaggebend. Ein Team merkt sofort, ob Sie authentisch sind.

Haben die Ziele eine Bedeutung für die Teammitglieder, können sie positiv wirken. Unnütze Ziele werden schnell identifiziert und abgelehnt, genauso wie von außen angewiesene Ziele. Ein Team möchte immer einen Sinn in seiner Arbeit sehen. Sinnloses Arbeiten führt zu Frust und auf Dauer zur inneren Kündigung, denn es entstehen Eindrücke wie: „Es ist egal, was ich mache.“, „Meine Arbeit ist nicht von Belang.“ bis hin zu „Ich habe hier keine Bedeutung.“

Überzeugung macht Visionen lebendig

Beteiligen Sie Ihr Team an Prozessen und Entscheidungen, und geben Sie Gestaltungsspielräume. Das setzt Energien frei und stärkt das Verantwortungsbewusstsein. Zu erleben, dass die eigenen Fähigkeiten einen solchen Effekt haben und das Team weiterbringen können, spornt an.

Fragebogen: Führungsfeedback

Wie erleben die Mitglieder Ihres Teams Ihre Führung? Mit dem Fragebogen auf Seite 94 finden Sie heraus, an welcher Stelle Sie etwas verbessern können. Offene Fragen können unter vier Augen oder auch mit dem ganzen Team besprochen werden. Bitten Sie Ihr Team vorher, Sie anzusprechen, wenn es offene Fragen gibt. Nur so können Sie tatsächlich etwas ändern.

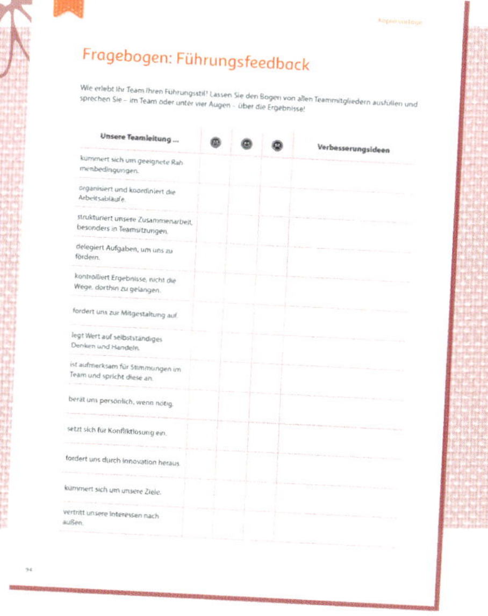

Fragebogen: Führungsfeedback

Wie erlebt Ihr Team Ihren Führungsstil? Lassen Sie den Bogen von allen Teammitgliedern ausfüllen und sprechen Sie – im Team oder unter vier Augen – über die Ergebnisse!

Unsere Teamleitung …	☹	😐	☺	Verbesserungsideen
kümmert sich um geeignete Rahmenbedingungen.				
organisiert und koordiniert die Arbeitsabläufe.				
strukturiert unsere Zusammenarbeit, besonders in Teamsitzungen.				
delegiert Aufgaben, um uns zu fördern.				
kontrolliert Ergebnisse, nicht die Wege, dorthin zu gelangen.				
fordert uns zur Mitgestaltung auf.				
legt Wert auf selbstständiges Denken und Handeln.				
ist aufmerksam für Stimmungen im Team und spricht diese an.				
berät uns persönlich, wenn nötig.				
setzt sich für Konfliktlösung ein.				
fordert uns durch Innovation heraus.				
kümmert sich um unsere Ziele.				
vertritt unsere Interessen nach außen.				

94

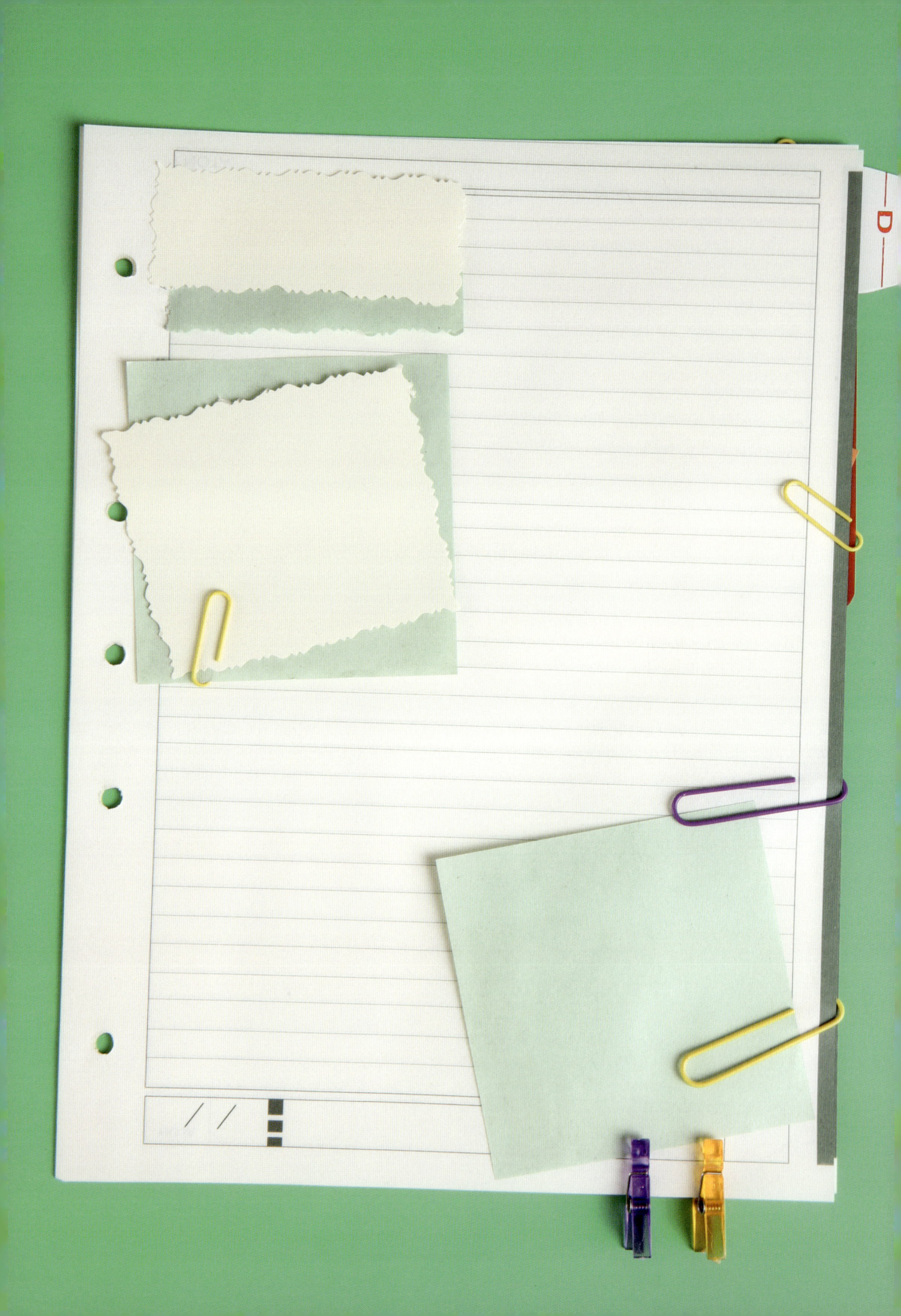
D

5

Die Kunst der Organisation

Planen, strukturieren und sich dabei nicht verzetteln

Ein paar Tage vor der Sommerschließzeit sitzt Frau Ebert über ihrer Planung für das nächste Kindergartenjahr. Sie hat viele neue Ideen, die für ihre Kita interessant sein könnten. Sie möchte beispielsweise ältere Strukturen überarbeiten. Mit dem Dienstplan ist sie ebenfalls noch nicht ganz zufrieden. Aber auch der eine oder andere Ablauf ist aufgrund der veränderten Bedingungen holprig geworden.

Frau Ebert benutzt zum Festhalten dieser Ideen ein Notizbuch, für jedes Kita-Jahr ein neues. Hier finden ihre Einfälle für das nächste Jahr ganz vorn einen Platz. Sie hält immer einige Seiten dafür frei. So weiß sie, wo sie die Punkte aufgeschrieben hat, kann sie überprüfen, ergänzen und abhaken. Alle weiteren Notizen ordnet sie nach Datum.

Nachdem sie alles aufgeschrieben hat, nimmt sie das Notizbuch aus dem letzten Jahr zur Hand und überprüft ihre alte Liste. Sie findet zwei Themen, die sie mit ins neue Kita-Jahr nimmt, der Rest ist erledigt.

Die Kunst der Organisation

Gut organisierte Abläufe sind wie die Statik eines Hauses

Neben den „inneren Werten" benötigt Ihr Team eine abgestimmte Organisation der Prozesse, um einen reibungslosen Ablauf zu ermöglichen. Im Einzelnen bezieht sich das auf die Beschreibung und Definition der Prozesse, Strukturen, Verantwortungs- und Aufgabenbereiche. Dazu gehören Tagesabläufe, Regelungen für Kinder und Eltern, Teamregeln, Stellenbeschreibungen, Dienst- und Einsatzpläne. All das sichert den Betrieb der Kita, und es ist eine ganze Menge Arbeit, die ein Team – und insbesondere die Leitung – zu bewältigen hat. Wie Sie Ihr Team mit einer durchdachten Organisation unterstützen können, erfahren Sie in diesem Kapitel!

Beginnen Sie so früh wie möglich mit der Planung

Machen Sie sich bereits während des Kindergartenjahres Aufzeichnungen und Notizen in Ihrem Optimierungsnotizbuch oder digital darüber, was Sie im nächsten Jahr beibehalten, ändern oder verbessern möchten. Beginnen Sie rechtzeitig am Anfang des neuen Jahres.

Bei einigen Ideen können Sie bereits in die Vorplanung gehen: Was findet wann statt? Was werden Sie mit dem Team erarbeiten? Was werden Sie mit dem Träger besprechen?

Überblick gibt Sicherheit: Tages- und Langzeitplanung

Ein guter Überblick über Termine und Aufgaben beruhigt, das kennen Sie. Zudem nimmt er die Sorge, etwas vergessen zu haben, und der gesamte Kita-Betrieb profitiert davon.

Um die komplexen Vorgänge, vor allem in großen Kitas, zu erfassen und zu bearbeiten, brauchen Sie ein gut durchdachtes System. Informieren, absprechen und planen – all das muss schnell, unkompliziert und zuverlässig geschehen. Mitteilungen dürfen nicht unterwegs „verloren gehen". Ebenso behindern Unklarheiten und komplizierte Abläufe in jeglicher Form das Team. Ein selbstständig arbeitendes Team benötigt effiziente Mittel und Methoden, um reibungslos kommunizieren zu können.

Die grundsätzliche Frage lautet also: „Was benötigen wir, um uns als Team zuverlässig organisieren zu können?" Abhängig von der Teamgröße und den Rahmenbedingungen – beispielsweise Räumlichkeiten und Ausstattung – wählen Sie am besten die für Sie passenden Varianten, dann greift alles ineinander!

Langzeitplanung

Zu wissen, welche Aufgaben in nächster Zeit im Team anstehen, gibt Sicherheit. Deswegen gehören Planungen zu Beginn des Kita- oder Kalenderjahres wahrscheinlich auch für Sie zum Standard. Jährliche Planungen sind umso effektiver, wenn sie nicht einfach aus dem Vorjahr übernommen werden, sondern die Ergebnisse der Reflexionen aus dem Vorjahr einbeziehen. Natürlich sind jahreszeitliche Themen und Feste bereits definiert, beeinflussbar ist jedoch Ihre Angebotsgestaltung. Stellen Sie im Team diesbezüglich die Frage: „Was können und möchten wir anbieten, ohne uns zu überfordern?" Ein Konzeptionstag oder die erste

Teamsitzung zu Beginn des Jahres sind gute Zeitpunkte, in die Planung einzusteigen.
Doch wie können Sie Langzeitprojekte im Alltag für alle präsent und transparent halten. Denn vieles, was aus dem Blickfeld verschwindet, gerät in Vergessenheit. Und manchmal holt einen ein Projekt dann überraschend ein.
Übersichten, die nicht nur die Termine selbst, sondern auch die Vorlaufzeiten enthalten, schaffen einen Überblick. Ihr Team benötigt ebenfalls Darstellungen dieser Zeitspannen, um die Aktivitäten zu verfolgen. Jahresübersichten oder digital vernetzte Planungstools sind effektive Möglichkeiten.

Planungswerkzeug: Zeitübersicht für Projekte

Zeitübersichten bieten dem Team die notwendige Transparenz bezüglich des Projektstatus und seiner Umsetzung. In Form einer Tabelle können Sie solche Übersichten erstellen und ausdrucken. Sie lassen sich leicht anpassen, falls der Projektplan sich ändert. Sie können eine solche Liste auch laminieren und mit abwischbaren Markern per Hand ausfüllen.
Die Tätigkeiten listen Sie kleinschrittig auf. Indem Sie zusätzlich Personen zuordnen, wissen alle jederzeit, wer wofür zuständig ist.

Projekt:

	Tätigkeiten	Jan	Feb	Mrz	Apr	Mai	Jun	Jul	Aug	Sep	Okt	Nov	Dez
1. Phase	Recherche												
	Kontakte knüpfen												
2. Phase	Rahmenbedingungen prüfen												
	Absprachen treffen												
	Planung												
	Aufgaben verteilen												
3. Phase	Umsetzung												
	Aufgabe 1												
	Aufgabe 2												
4. Phase	Ziel erreicht												
	Reflexion und Abschluss												

Das Planungs-Tool: Die Kanban-Matrix

Eine weitere, sehr transparente Methode der Langzeit- und Projektplanung ist die Kanban-Matrix. Hier werden die Inhalte zu Beginn, während der Durchführung und zum Schluss erfasst. Der Vorteil ist, dass dieses System neben der Transparenz der Aufgaben auch den Fortlauf eines Projektes darstellt. Durch verschieden gekennzeichnete Aufgabenkarten können die Tätigkeiten Personen zugeordnet werden. Ist zum Beispiel eine Kollegin nicht im Haus, kann jederzeit nachvollzogen werden, wo sie mit der Erledigung der Aufgabe steht.

Die drei Abbildungen der Kanban-Matrix zeigen, wie die Aufgaben verschoben werden, um den aktuellen Stand und den Verlauf zu verdeutlichen.

Projekt:

Aufgaben	In Arbeit	Erledigt
Andrea: Recherche Mobiliar		
Lisa: Recherche Spielmaterial		
Emma: Kontakte knüpfen		

Kanban-Matrix: Aufgaben

Projekt:

Aufgaben	In Arbeit	Erledigt
	Andrea: Recherche Mobiliar	
Emma: Kontakte knüpfen		
	Lisa: Recherche Spielmaterial	

Kanban-Matrix: in Arbeit

Projekt:

Aufgaben	In Arbeit	Erledigt
	Andrea: Recherche Mobiliar	
		Lisa: Recherche Spielmaterial
	Emma: Kontakte knüpfen	

Kanban-Matrix: Erledigt

Tagesplanung

Ein Tag in der Kita verändert sich schnell. Gestern noch lief alles nach Plan – heute melden sich zwei Kolleginnen krank. Die Tagesplanung muss überprüft, die Gruppen müssen anders besetzt, und die Pausen zum Mittag verschoben werden.

Ideal, um alle Fragen für den Tag zu beantworten, ist das *Blitzteam* am Morgen. Der Name drückt es bereits aus: Es geht schnell. Hier kommt aus jeder Gruppe eine Person dazu, und gemeinsam geht man die Stationen des Tages durch. Die Informationen und die veränderte Planung werden handschriftlich notiert und für alle kopiert. So liegen aktuelle Informationen in jeder Gruppe gleichermaßen vor. Natürlich können Sie die Informationen auch per E-Mail oder Messenger (diese Dienste sind zum Teil bereits in der Verwaltungssoftware für Kitas enthalten) versenden.

Ein solches Blitzteam sollte nicht länger als zehn bis fünfzehn Minuten dauern. Im Gegensatz zu anderen Gesprächssituationen ist „Wohlfühlen" hier keine Option, das erschwert die Selbstdisziplin. Also lieber ohne Kaffee in die Stehrunde!

Eine weitere Variante ist der *Empfang* oder die *Rezeption* aus dem Offenen Konzept. Die Kinder und Eltern werden zentral empfangen und verteilen sich von dort aus in die Gruppen oder Funktionsbereiche der Kita. Die Methode kann jedoch mehr leisten, wenn sie zu einer Organisationseinheit für tagesaktuelle Änderungen wird.

Stellen Sie sich vor, alle Informationen und Anrufe landen beim Empfang, und dieser übernimmt sofort die Koordination für den Tag, macht Notizen und gibt diese zum Ende der Bringzeit in die Gruppen. So übernehmen die Mitarbeiterinnen Verantwortung für den Tagesablauf, und alle bekommen die gleichen Informationen. Sehr wichtig dabei ist, dass die Regeln für diese Planung im Team abgesprochen sind. Die „Rezeptionisten" können rotieren, und alle sollten mit den gleichen Vorgaben die Organisation angehen.

Dienstplanung mit dem Team

Der Dienstplan ist vielleicht auch für Sie eine knifflige Angelegenheit. Betrachtet man die Personaldecke, die in den meisten Fällen vom refinanzierten Stellenplan der Länder ausgeht, so erscheint die Anzahl der Fach- und Ergänzungskraftstunden auf den ersten Blick ausreichend – vorausgesetzt, alle Mitarbeiterinnen sind im Dienst. Das ist jedoch eine Bedingung, die im Alltag mal mehr, mal weniger erfüllt ist – zu viele Ausfälle durch Krankheit, Urlaub und Fortbildung. Es fehlt häufig jemand. Werden dann noch Überstunden aufgebaut, wird die Situation auf Dauer noch enger.

Kompliziert ist auch der Umgang mit Sonderwünschen zu speziellen Arbeitszeiten. Diese müssen zu den Erfordernissen des Kita-Betriebes passen. Da in der Regel heute gleichbleibend hohe Kinderzahlen im Vor- und Nachmittagsbereich zu verzeichnen sind, funktioniert das nur, wenn alle eine gewisse Flexibilität bei den Einsatzzeiten mitbringen. Der Wunsch nach der „Lieblingsarbeitszeit" ist zwar verständlich, jedoch sprengt er jede Planung. Hier entstehen leicht Verteilungskonflikte, die ihre Wirkung auf den Teamzusammenhalt haben.

Eins nach dem anderen!
Beratungs-, Verwaltungs- und Dokumentationsaufgaben können nicht nebenbei erledigt werden. Qualitativ gut aufgestellte Arbeit braucht fokussierte Aufmerksamkeit, und nicht immer ist Multitasking dazu geeignet.

Was gehört rein in die Planung?

Der Dienstplan enthält alle für den Kita-Alltag relevanten Einsätze. Dazu gehört natürlich die Arbeit mit den Kindern, doch auch Besprechungs- und Vorbereitungszeiten müssen berücksichtigt werden und dürfen keine Überstunden erzeugen. Sie können, nach Absprache mit Ihrem Träger, circa zehn Prozent der Wochen- oder Monatsarbeitszeit (je nachdem, mit welchem Modell Sie arbeiten) als kinderfreie Arbeitszeit einplanen. Werden zusätzliche Aufgaben wie Stellvertretung der Leitung oder Ausbildungsbegleitung wahrgenommen, sollte die kinderfreie Arbeitszeit erhöht werden.

Eine gute Planung ist das A und O!

Tipps zur Dienstplanung

1 Überdenken Sie gemeinsam im Team die Haltung zu Teilzeit- und Vollzeitarbeit. Was hat welche Vorteile und welche Nachteile? Warum wurde diese Stundenzahl gewählt? Welche Stärken liegen in den unterschiedlichen Arbeitsstunden? Versuchen Sie zu einer Lösung zu kommen, die flexibel und fair ist!

2 Reduzieren Sie die Anzahl der möglichen Sonderwünsche auf ein gut planbares Maß. Auch hier bietet sich die Besprechung mit dem Team an. Nur so kann deutlich werden, was Sonderwünsche für die Kolleginnen bedeuten!

3 Ermöglichen Sie das Tauschen der Dienste in Eigenverantwortung. Legen Sie dazu vorher fest, welche Kriterien bedacht werden müssen und wer wen darüber informiert und wann. Sie unterstützen damit die Eigenverantwortlichkeit des Teams für den Dienst!

4 Bedenken Sie, wie viele Personen zur gleichen Zeit geplant abwesend sein können. Berücksichtigen Sie dabei auch die unvorhersehbaren Ereignisse. Gehen Sie mit dem Team gemeinsam den Ernstfall durch, so stehen alle dahinter!

5 Legen Sie zusammen mit Team und Träger Kriterien und Prioritäten für Personalengpässe fest, die in einem Stufenplan für den Notfall festgehalten sind. So sichern Sie die Aufsichtspflicht und verhindern dauerhafte Überforderung der Fachkräfte!

- Welchen Einfluss hat das auf das pädagogische Angebot?
- Wann werden Gruppen geschlossen und Notgruppen eingerichtet?
- Wie und wann werden Eltern informiert?
- Wann wird Vertretungspersonal angefordert?
- Werden Elterndienste oder sonstige Aushilfen einbezogen?
- Wer wird informiert?

Teamsitzungen sinnvoll gestalten

Praxisbeispiel: Zusammenkommen

Frau Ebert ist mit ihrem Team, was das Weiterleiten von Informationen angeht, mittlerweile gut organisiert. Die Gruppen haben ihre Fächer, die alles Schriftliche enthalten. In Koordinatorentreffen und morgendliche Besprechungen werden Organisationsfragen immer zeitnah geklärt oder Termine für größere Themen vereinbart.
Frau Eberts Team schätzt die gemeinsame Zeit im Großteam sehr. Ganz bewusst haben sie sich dafür entschieden, diese Treffen zu nutzen, um mit Feedback zu arbeiten oder Planungen durchzuführen. Schließlich ist das die einzige Möglichkeit, wo sie einmal im Monat alle zusammenkommen.

Was dürfen wir entscheiden, wenn die Leitung nicht im Haus ist?
Auch in einem selbstständig arbeitenden Team taucht immer mal wieder die Frage auf: „Können wir das entscheiden?" Aus dieser Unsicherheit heraus wird oft mit einem mulmigen Gefühl – oder gar nicht – entschieden. Häufen sich fehlende Entscheidungen, so bremst das ein Team aus. Man kommt einfach nicht vorwärts.
Bestimmen Sie also Spielräume, die selbstständiges Handeln zulassen. Definieren Sie personen- und stellenbezogene Verantwortlichkeiten mit den dazugehörigen Entscheidungsbefugnissen. Welche Entscheidungs- und Handlungsspielräume hat das Team und wie werden Teamentscheidungen getroffen? Muss abgestimmt werden? Besprechen Sie die Möglichkeiten miteinander, und notieren Sie diese.

Die große Teamsitzung

Wie nutzt man dieses Forum? Tatsächlich lädt es ein, Informationen zu platzieren. Bei sehr wichtigen Inhalten passt das durchaus. Wo jedoch ist die Grenze? Und wie lebendig wird eine Sitzung, wenn sie gefüllt ist von Vorträgen der Leitung?

Das könnten Alternativen sein: Wie wäre es mit einem 15-minütigen freien Austausch untereinander – zu Beginn oder zum Ende der Besprechung? Oder eine kurze Blitzlichtrunde zu Anfang, die die aktuellen Themen zutage bringt? Greifen Sie diese Inhalte dann bei Bedarf im nächsten Großteam auf.

Fachliche Inhalte finden in Diskussionen zu pädagogisch-konzeptionellen Themen, Methoden, Regelungen und Verfahren Platz. Besonders wertvoll ist der fachliche Austausch in Feedbackrunden und Fallbesprechungen. Für eine effektive Fallbesprechung sollte die Gruppe aus maximal neun Personen bestehen. Bei größeren Teams bilden Sie Teilgruppen, die nach der Fallbearbeitung den anderen einen Einblick in die Ergebnisse geben.

Setzt man mindestens ein Großteam pro Monat an, gibt es übers Jahr verteilt genügend Treffen, die einen inspirierenden Austausch ermöglichen. Das setzt voraus, dass so viel Organisatorisches wie möglich an anderer Stelle platziert ist. Verschiedene Methoden bereichern die Sitzungen. Sie strukturieren die Interaktion, was gerade bei einer großen Personenzahl von Vorteil ist.

Blitzlicht-Tool: Die Blitzlichtrunde

Ziele:
- Einstieg in die Teamsitzung mit persönlichem Kontakt
- Selbst- und Teamreflexion: Entdecken aktueller Themen

Ablauf:
Alle Teammitglieder sagen in einem kurzen Statement etwas über sich. Die Aussagen sollten einen konkreten Inhalt und eine Aussage über das persönliche Befinden enthalten. Also kein „Wollte ich auch sagen." oder ein „Es geht mir gut." ohne weitere Konkretisierung. Mögliche Fragen: Was beschäftigt mich gerade? In welcher Stimmung komme ich hier an? Wie war mein Tag?

Varianten:
Die Blitzlichtrunde kann sich auf eine gezielte Frage beziehen wie beispielsweise: Welche Erfolgserlebnisse hatte ich letzte Woche? Was hat mir besonders viel Freude gemacht in den letzten Tagen? Oder sehr kreativ: Wenn die letzte Woche einen Film- oder Buchtitel hätte, welcher wäre das?

Kleinteamsitzungen und andere Möglichkeiten

Verschiedene Kleinteamsitzungen ergänzen Ihre Großteams perfekt: Gruppenleitungs- oder Koordinatorentreffen, Teambesprechungen auf Gruppenebene oder Arbeitsgruppen zu aktuellen Vorhaben. Sie alle beziehen sich auf kurz- oder mittelfristige Planung sowie auf Teilaspekte der pädagogischen Arbeit.

Diese Treffen zum Informationsaustausch zu nutzen, bietet Vernetzung in jede Richtung. Alle tragen Informationen gebündelt zusammen und geben sie an Team und Leitung weiter. So ist jeder stets gut informiert.

Anders ist die Aufgabe in Arbeitsgruppen. Sie arbeiten Teilaspekte genauer aus und präsentieren die Ergebnisse im Großteam. Das kann sehr effektiv sein, denn in diesen Fachteams kann Spezialistenwissen gebündelt werden.

Wer gehört zu welchen Kleinteams?

Ihr Team setzt sich zusammen aus Fachpersonal mit verschiedenen Ausbildungen und Aufgabengebieten: Erzieherinnen, Therapeutinnen, Hauswirtschaftskräfte, Auszubildende und Praktikantinnen, um nur einige zu nennen. Sie alle haben unterschiedliche Aufgaben und Berührungspunkte. Stellen Sie die Gruppen also bewusst zusammen!

Die Zusammensetzung sollte den Erfordernissen Ihres Teams entsprechen und mit den Beteiligten abgesprochen sein, um die Entscheidung transparent zu machen. Dokumentieren Sie die Zusammensetzungen der Teams in Ihrem QM-Ordner oder in der Willkommensmappe!

Pünktlich starten, pünktlich enden!

Die Zeit, die für Teamtreffen zu Verfügung steht, ist knapp und sollte effizient genutzt werden.
Verlässlichkeit in Sachen Pünktlichkeit steigert nicht nur die Zufriedenheit, sondern fördert ebenso die Aufmerksamkeit. Es trainiert auch, die Inhalte auf das Wesentliche zu beschränken. Verlängerungen der Teamsitzungen, um selbst die letzten Punkte noch zu schaffen, sind meist nicht

effektiv. Die Wahrscheinlichkeit, dass eher abgenickt statt wirklich zugestimmt wird, ist hoch. Die Konzentrationsfähigkeit lässt einfach nach.

Machen Sie es sich zum Ziel, pünktlich zu starten und zu enden. Legen Sie alle Themen, die die Zeit überschreiten, auf die nächste Sitzung, und steigern Sie mit jedem Mal Ihre Fähigkeit, die Sitzungen zu planen – Ihr Team wird es Ihnen danken!

Kommunizieren Sie effektiver!

Sie kennen das wahrscheinlich: Bei der Besprechung einzelner Punkte kommt es häufig zu Wiederholungen in den Erläuterungen der Teammitglieder, die den eigenen Standpunkt bekräftigen sollen. Oder es werden Inhalte ausgiebig dargestellt, die bereits bekannte Handlungsweisen „noch besser" erklären sollen. Beides nimmt enorm viel Zeit in Anspruch, vertieft jedoch den Inhalt nicht.

Sensibilisieren Sie Ihr Team, genau hinzuhören und die Kommunikation auf konkrete und kurze Sachaussagen zu beschränken. Das erfordert sicherlich etwas Übung, denn Erzieherinnen sind es gewohnt, ihr Verhalten zu reflektieren und kleinschrittig zu erläutern. Dies ist jedoch nicht notwendig, wenn es sich um zielorientierte Darstellung von Fachinformation handelt.

Schriftlich oder mündlich kommunizieren – was ist besser?

Informationen schriftlich zu kommunizieren, verschafft Ihnen in Ihren Teamgesprächen Zeit für den Austausch in Sachen Pädagogik. Dazu sind Ablagefächer und Rundlaufmappen gut geeignet. Übergabebücher dienen auch der Informationsweitergabe. Verwenden Sie diese für alle Infos, die keine Fragen aufwerfen oder empfindlich für Missverständnisse sind. Lassen Sie Informationen mit Kürzel und Datum abzeichnen.

Vorteile schriftlicher Kommunikation	Vorteile mündlicher Kommunikation
Alle werden mit der identischen Information versorgt.	Es entstehen weniger Missverständnisse durch die Möglichkeit der Rückfragen.
Die Information kann zu jeder Zeit und auch mehrfach abgerufen werden.	Zusätzliche Erläuterungen sind möglich.
Informationen belegen keine wertvolle Teamzeit.	Ermöglicht schnelle Absprachen im Tagesablauf.
Persönliche Post kann sicher weitergegeben werden.	Dringende Informationen finden zeitnah statt.

Beim Wesentlichen bleiben: Die Tagesordnung

Hängt auch in Ihrem Personalraum eine Liste, die mit Stichpunkten für die nächste Teamsitzung gefüllt wird? Grundsätzlich eine gute Idee. Wie wäre eine Ergänzung dieser Liste mit konkreten Fragestellungen, die sofort strukturierend wirken? Zum Beispiel so:

Tagesordnung

Nr.	Thema?	Von wem?	Ziel?	Zeit?
1	Erfahrungsbericht vom Hospitationstag in der Wald-Kita	Anita und Julia	I	10 Minuten
2	Anfrage aus dem Elternbeirat zum Thema *Mittagessen*	Leitung	I + MA + TE	25 Minuten
3	...			

Legende

I = Information, TE = Teamentscheidung, MA = Meinungsaustausch, P = Planung, D = Diskussion

Ergebnisse festhalten

Eine solche Tagesordnung kann man gleichzeitig für die Dokumentation nutzen und sie zu einem Ergebnisprotokoll erweitern. Sind Sie digital ausgestattet, lässt sich diese Form der Tagesordnung mit einem Tabellenprogramm erstellen und parallel zur Besprechung dokumentieren. Im Anschluss an die Teamsitzung wird das Protokoll dann per E-Mail oder Messenger verschickt.

Ergebnisprotokoll

Nr.	Ergebnis	Verantwortlich?	Bis wann?	Erledigt?
1	Eindrücke, Positives Wie können wir einen Waldtag in der Woche organisieren? Personal Kleidung Planung weiterer Schritte in der nächsten Teamsitzung	Anita und Julia	10.03.	
2	Information des Teams Meinungsbild des Team wurde abgefragt Beschluss: Die Anregung des Elternbeirates wird in zwei Punkten umgesetzt. Der Elternbeirat wird informiert	Leitung	17.03.	
3	...			

Jeder hat mal den Moderatoren-Hut auf!

Die Moderation von Besprechungen liegt häufig bei der Leitung – doch das muss nicht so sein. Geben Sie diese Rolle ans Team weiter, so gibt Ihnen das als Leitung die Möglichkeit, zu beobachten und gleichzeitig Ihre Anliegen konzentrierter zu platzieren. Mit reihum wechselnden Aufgaben haben auch die Teammitglieder darüber hinaus die Möglichkeit, sich professionell weiterzuentwickeln.

Es ist vielleicht ungewohnt, in eine solch exponierte Rolle zu schlüpfen und in der Teamsitzung die Führung zu übernehmen. Die Teammitglieder fühlen sich eventuell unsicher und lehnen diese Rollenverteilung anfänglich ab. In der Regel muss ein Team eine neue Methode erst einüben. Zeigen Sie Geduld und bieten Sie Unterstützung an. So wächst Ihr Team an seinen Aufgaben!

Finden Sie für jedes Teammitglied die richtige Aufgabe und Rolle!

Die 4 möglichen Rollen in der Teamsitzung:

Moderatoren achten auf die Reihenfolge der Themen und der Wortmeldungen. Sie fassen Ergebnisse zusammen und besprechen vor dem Teamtreffen die Tagesordnung mit der Leitung.

Abschweifungswächter melden sich zu Wort, wenn zu ausschweifend diskutiert wird oder das Thema wechselt. Sie sind in Teams, die noch üben müssen, sich zu fokussieren, sehr hilfreich.

Zeitwächter halten die Zeit für die Einzelthemen im Blick und erinnern das Team daran. Kurz vor Ablauf der veranschlagten Zeit geben sie einen Hinweis. Ist das Thema noch nicht abschließend besprochen, gibt es eine Fortsetzung bei der nächsten Besprechung, oder man verlängert bewusst die Zeit. Das führt gegebenenfalls dazu, dass ein anderes Thema nicht mehr besprochen wird, denn die Zeitwächter achten auch auf ein pünktliches Ende.

Protokollanten halten Ergebnisse fest und kümmern sich um die Dokumentation. Sie sorgen dafür, dass Ergebnisse so festgehalten werden, dass sie möglichst kurz und dennoch aussagekräftig ausfallen, sodass sie auch nach einiger Zeit noch nachvollziehbar sind.

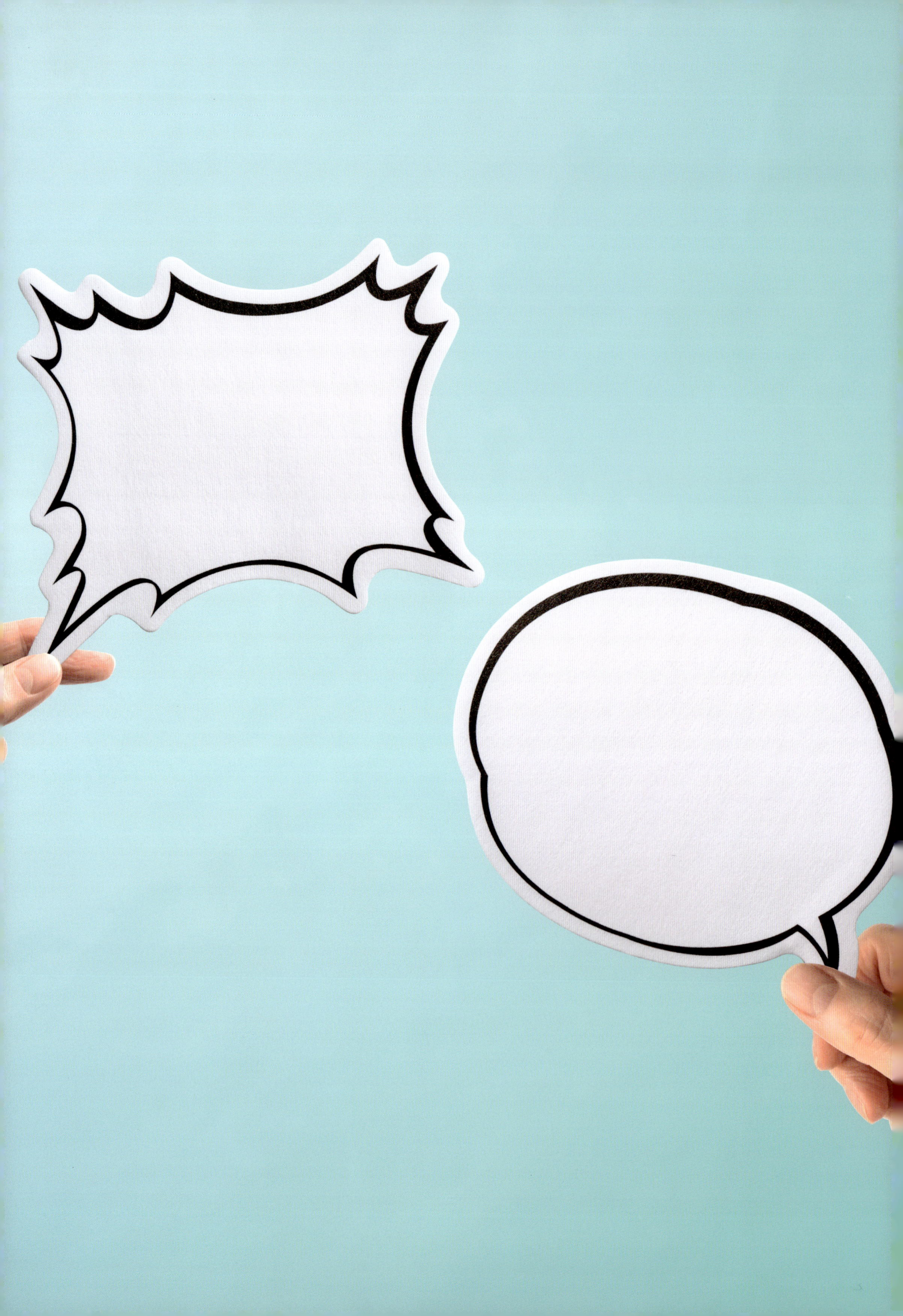

6

Jeder Konflikt ist eine Chance

Konflikte erkennen, lösen und verhindern

„Was war denn das?", fragt sich Frau Ebert, als sie ein Gespräch zwischen zwei Mitarbeiterinnen zufällig mitbekommt. Sie sprachen über ihre Kollegin Frau Bachmann in einer Art und Weise, die abwertend war. Erst kürzlich wurde es etwas lauter, als Frau Bachmann mit ihren beiden Gruppenkolleginnen ihre Vorbereitungszeit nutzte. Beim nächsten Mal saßen zwei der Mitarbeiterinnen zusammen im Gruppenraum und Frau Bachmann hielt sich im Personalraum auf.

Frau Ebert lässt den Mitarbeiterinnen für gewöhnlich freie Hand, wenn es um die Nutzung der Vorbereitungszeit geht. Um mitzubekommen, wie die Zusammenarbeit in den Gruppen funktioniert, achtet sie bei der Kommunikation auf den Unterton. Wenn da Respekt und Wohlwollen zu hören ist, dann ist das ein Zeichen für sie, dass die Teamarbeit positiv läuft. Das hier war jedoch etwas anderes. Der Unterton war schärfer als sonst und es schien so, als ob die Mitarbeiterinnen der Gruppe sich aus dem Weg gingen. Frau Ebert beschließt, ihre Wahrnehmung anzusprechen.

Jeder Konflikt ist eine Chance

Woher kommen Konflikte?

Um Konflikte in der Kita zu verstehen, muss man manchmal einen Schritt zurückgehen. Die Streitigkeiten beginnen häufig nicht erst in dem Moment, in dem sie ausbrechen, sondern sie entstehen im Laufe der Zeit, wenn sich sensible Situationen häufen und eine Klärung ausbleibt.

Wie entwickeln sich Konflikte?

Es beginnt mit Wahrnehmungen und Beobachtungen, die zunächst neutral sind, denn unsere Sinnesorgane machen keine Unterschiede. Erst die subjektive Bewertung macht aus einer neutralen Situation eine Konfliktsituation. Diese Deutung geschieht vor dem Hintergrund unserer Erfahrungen und Überzeugungen, gemischt mit den Emotionen, die ausgelöst werden (vgl. Hansen, 2014). Je nachdem, wie das Ergebnis dieser Mischung ist, bewerten wir eine Situation positiv oder negativ.

Das erklärt, warum jede Person unterschiedlich auf ähnliche oder sogar gleiche Situationen reagiert. Fallen Äußerungen und Beobachtungen auf einen Boden, der durch Erfahrungen und Grundhaltungen so bereitet ist, dass Bedürfnisse in Bedrängnis geraten, ist die Gefühlsreaktion stärker. Schaffen wir es dann, eine andere Deutung zuzulassen, legt sich der Konflikt. Gelingt uns das nicht, kann es passieren, dass wir es als unvereinbar mit unseren Überzeugungen erleben – der Konflikt ist da.

Beispiel: Ist das wirklich unvereinbar?

In der Gruppe von Frau Bachmann werden bei der Planung jahreszeitliche Bastelangebote zusammengetragen. Frau Bachmann greift auf ihre langjährig geführte Mappe mit verschiedenen Vorlagen zurück. Den beiden Kolleginnen ist das nicht partizipativ genug. Sie möchten gemeinsam mit den Kindern frei gestaltbare Angebote planen.

Erst einmal erscheinen die beiden Vorgehensweisen unvereinbar. Beide Parteien sprechen nicht über die Umsetzung der didaktischen Planung und ziehen sich zurück. Schlimmer noch: Sie werten die jeweils andere Vorgehensweise ab, denn sie passt einfach nicht zur eigenen Vorstellung.

Ursachen analysieren

Konflikte entstehen nicht nur zwischen Personen – *interpersonal* – sondern zeitgleich oder vorher gibt es „innere“ Fragestellungen, die man *intrapersonal* bearbeitet. Das kennen Sie sicher auch, wenn Sie eine Entscheidung vor sich herschieben, oder Zweifel sich innerlich breitmachen, die Sie nicht schlafen lassen.

Wollen Sie Konflikte durchschauen, so bringt die Analyse der Ursachen Sie einen Schritt weiter. Denn Konfliktursachen haben trotz all ihrer Subjektivität auch sachliche Hintergründe. Diese zu kennen, macht den Weg zur Lösung einfacher. Was steckt dahinter? Im Folgenden stellen wir 5 verschiedene Konfliktarten vor.

Die 5 Konfliktarten

Wertekonflikte

Wertekonflikte sind das Resultat von nicht zu vereinbarenden Überzeugungen. Die Kontrahenten fühlen sich unter Umständen in ihrer ureigenen Weltanschauung bedroht. Aus der Praxis kennen Sie das aus Situationen, in denen Pädagoginnen aneinandergeraten, wenn sie über ihr Bild des Kindes und seine Umsetzung diskutieren. Die Überzeugung, was Kindern guttut oder was nicht, ist tief in uns verwurzelt. Sie ist eine Grundfeste des Berufes und wird verteidigt.

Es erfordert Toleranz und ein wohlwollendes Umfeld, um das andere zu akzeptieren. Bei inneren Werten sind kleine Schritte nötig, um sich anzunähern. Ob das am Ende zu einem Konsens führen kann, ist zweifelhaft. Auch das kennen Sie: Was sich konzeptionell nicht vereinbaren lässt, führt zu dauerhaften Konflikten. In diesen Fällen bringt eine Entscheidung die Lösung. Ist eine gleichberechtigte Existenz möglich, oder sind getrennte Wege für alle Beteiligten passender?

Wegekonflikte

„Wir haben das gleiche Ziel, kommen uns allerdings auf dem Weg dahin immer wieder in die Quere!" Da gab es den gemeinsamen Teambeschluss, jedoch haben Sie die Methoden, Absprachen und Vorgehensweisen als selbstverständlich vorausgesetzt. Das passiert leicht in einem Arbeitsumfeld, in dem die Ausbildungen ähnlich sind. Doch die Vorstellungen über die Wege zum Ziel sind dennoch oft unterschiedlich. Ein Hochleistungsteam investiert genau an dieser Stelle Zeit und Mühe, die gemeinsamen Methoden auszuarbeiten. Die Lösungen in diesem Fall liegen in den Beschreibungen der Wege, die zuvor im Team diskutiert werden. Hier einen Konsens zu erzielen, wäre ideal, denn das führt zu einem geschlossenen Auftreten nach innen und nach außen. Kompromisse mit akzeptierten und begründeten Ausnahmen – etwa bei Kindergruppen, die aufgrund ihrer Altersstruktur unterschiedliche Methoden benötigen – sind ebenfalls tragfähig.

Verteilungskonflikte

Im Kindesalter geht es los: der Streit um das Spielzeug. Weiter geht es im Erwachsenenalter mit Gerangel um Urlaubstage oder Stellenbesetzungen. Empfindungen von Ungerechtigkeit oder Benachteiligung begleiten Verteilungskonflikte: „Warum bekommt sie frei und ich nicht?"

Fairness ist ein wichtiger Aspekt, wenn man die Gemüter beruhigen möchte. Ein gerechtes Verteilen von Ressourcen, eine transparent gemachte Entscheidung für die Stellenbesetzung – all das hilft. Eine vielleicht zu wenig beachtete Möglichkeit ist die Frage: „Wozu brauchst du es?" Das Gespräch bekommt damit eine neue Richtung: „Ich möchte den Apfel als Nachmittagssnack für die Kinder." und „Ich möchte mit den Kernen ein Pflanzprojekt für die Kinder starten." Der Konflikt ist verschwunden.

Zielkonflikte

Ein Beispiel: Team und Träger sind gleichermaßen am Betrieb der Kita interessiert, jedoch mit unterschiedlichen Zielen. Nehmen wir an, das Team möchte eine hohe pädagogische Qualität umsetzen. Dazu ist ein angemessener Betreuungsschlüssel notwendig, der eine intensive Begleitung der Kinder zulässt. Im Gegensatz dazu möchte der Träger kostendeckend arbeiten. Ihm ist daran gelegen, den gesetzlich vorgesehenen Personalschlüssel einzuhalten.

Team und Träger wissen beide um die Kompromisse, um die gemeinsamen Ziele verwirklichen zu können. Ist die Schnittmenge groß genug, lässt sich mit Zugeständnissen gut leben. Gerät das Modell aus der Balance, werden die Konflikte offensichtlicher, und die Prioritäten entscheiden schließlich, welche Ziele im Vordergrund stehen. Gerade hier, wo es scheinbar nur die eine oder die andere Lösung gibt, können kreative Denkansätze ganz neue Lösungen entstehen lassen.

Analyse-Tool: Die Reizwort-Analyse

Material: Flipchart

Ziele:
- Training der geistigen Flexibilität: um die Ecke denken
- Umlenken der Problemorientierung hin zur Lösungsorientierung
- Finden von bisher nicht bedachten Lösungen

Ablauf:
1. Notieren Sie für alle gut sichtbar eine Ausgangsfrage. Zum Beispiel: Was soll geplant werden? Was soll verändert werden? Was soll gelöst werden?
2. Notieren Sie im Team etwa 10 zufällig gewählte Begriffe, die nichts mit der Fragestellung zu tun haben. Lassen Sie Ihren Finger mit geschlossenen Augen auf dem Papier landen und somit entscheiden, welches Wort es sein soll. Die Auswahl ist bewusst fachfremd, damit Gedankensprünge möglich werden.
3. Analysieren Sie das Reizwort nun, und schreiben Sie fünf bis zehn Antworten auf.
   - Welche Bedeutung hat es? (sachlich, emotional, symbolisch)
   - Welche Merkmale hat das Reizwort? (äußerlich, innerlich)
   - Was löst es aus? (Gefühle, Verhalten)
   - Welche Verbindungen erkennen Sie? (Assoziationen)
4. Als Nächstes stellen Sie Verbindungen her zwischen den Assoziationen zum Reizwort und Ihrer Fragestellung. Gibt es Ähnlichkeiten? Kommen neue Gedanken dazu? Inspiriert Sie etwas? Notieren Sie diese.
5. Im nächsten Schritt geht es um Lösungen. Beantworten Sie Ihre Ausgangsfrage und denken Sie dabei um die Ecke. Beginnen Sie mit der Planung und lassen Sie Neuerungen und Kreativität zu!

Varianten:
Erhöhen Sie die Auswahl der Reizwörter auf fünf oder verwenden Sie Fotos statt Wörtern. Sie können die Reizwortanalyse auch in Kleingruppen erarbeiten und anschließend zusammentragen.

Rollenkonflikte

Rollenkonflikte entstehen durch Vermischungen oder durch verschiedene Erwartungen, die sich im Zusammenhang mit der Rolle ergeben. Sie können auftauchen, wenn …

1 eine Rolle nicht ausgefüllt werden kann oder möchte,
2 man unterschiedlichen Erwartungen ausgesetzt ist,
3 man eine Rolle wechselt.

In jedem Fall kommt es zu intrapersonalen Auseinandersetzungen, die sich im Verlauf zu Konflikten zwischen Personen ausweiten können. Auch ein ganzes Team kann davon betroffen sein. Die Gefühle, man wird einer Rolle nicht gerecht oder sitzt zwischen zwei oder mehr Stühlen, sind ganz typisch hierfür. Unzufriedenheit, Überforderung bis hin zur inneren Zerrissenheit sind die Folgen, wenn Rollenkonflikte nicht gelöst werden.

Mutter und Erzieherin

Jede Erzieherin, die ein eigenes Kind in der Kita hat, in der sie arbeitet, kennt das. Es können große Schwierigkeiten im Team entstehen, wenn die Rollen nicht geklärt sind und es transparente Absprachen für diese Konfliktsituationen gibt. Andersherum ist es auch für die Mutter eine Zerreißprobe, genau diese Rolle im Dienst zu verlassen und ihr Kind genauso zu behandeln wie alle anderen Kinder. Viele Mütter können nur schwer über die Gefühle sprechen, die damit verbunden sind. Sie schwingen jedoch mit und beeinflussen die Kommunikation im Team sowie die mit dem eigenen Kind.

Kollegin und Leitung

Als Leitung, die aus dem Team heraus die Position wechselt, führt der Rollenwechsel ebenso zu spürbaren Veränderungen. Waren Sie früher Teil der Erziehergemeinschaft, erleben Sie vielleicht zunehmend, dass Ihr Team verstummt, wenn Sie hinzukommen. Ihr Rollenwechsel muss auf beiden Seiten – Team und Leitung – vollzogen werden. Der Abschied vom gewohnten Miteinander ist oft ein schmerzhafter Anteil am Rollenwechsel.

Was hilft, sind klare Aussagen zu Verantwortungsbereichen, Aufgaben und Positionen. Die eigene Rolle zu reflektieren und Gefühlslagen zu sortieren, bringt den nächsten entscheidenden Vorteil. Je klarer Sie in Ihrer Rolle sind und auftreten, desto weniger kommt es zu Konflikten. Wie wäre es, die neue Rolle mit einer Art Übergangsritual, beispielsweise einer „Taufe“, zu beginnen. Dazu fällt Ihnen bestimmt etwas ein!

Die Bedeutung der Emotionen

Emotionen sind etwas ganz Normales. Sie begleiten uns in schönen, in aufregenden und unangenehmen Situationen. Sie sind – vielleicht auch für Sie – so etwas wie die Zutat, die das Leben interessant macht. Sie lassen uns das Leben spüren – im positiven wie auch im negativen Sinne.

Emotionen folgen als Reaktion auf unsere Wahrnehmungen und deren Deutung. Sie sind so unmittelbar, dass sie im ersten Moment nicht zu kontrollieren sind. Je nach Typ, gehen Sie damit vielleicht ganz locker um und genießen sogar Ihre Fähigkeit, Emotionen zu empfinden.

Emotionen bringen Gemüter zum Kochen

Im Konfliktfall kann das jedoch anders aussehen, denn Emotionen machen Streitigkeiten im ersten Erleben meist „hitzig“. Allmählich „kühlen“ sie sich etwas ab, und erst dann sind wir in der Lage, wieder überlegt an die Angelegenheit heranzugehen. „Ich muss eine Nacht darüber schlafen“ ist genau die Notfallhilfe, die verhindert, dass Konflikte im „heißen" Zustand eskalieren.

Danach ist der perfekte Zeitpunkt, die Lösung des Problems zu forcieren, denn wartet man zu lange, verringert sich die Dringlichkeit, und die Angelegenheit erscheint mit jedem Tag weniger wichtig. Jetzt wiederum hört man Aussagen wie: „Ach, lass gut sein!" oder „Hat sich erledigt."

Haken Sie nach!

Nachzufragen, ob man eine Lösung gefunden hat, hilft Ihnen als Leitung dabei, zu verhindern, dass der Konflikt bei der nächsten Gelegenheit wieder aufflammt, womöglich dann „aus heiterem Himmel", oder sich ein schwelender Konflikt auf die Teamstimmung auswirkt. Das irritiert die nicht Beteiligten, da – ohne Kenntnis der Geschichte – diese Hintergründe nicht nachvollziehbar sind.

Unterdrückte Gefühle wuchern in uns

Ungelöste Spannungen haben die Eigenschaft, sich wie Pilze unterirdisch zu vergrößern. In Teams, die keine aktive Konfliktlösung betreiben, da sie die Harmonie erhalten möchten, brechen Konflikte manchmal nach Jahren aus. Vielleicht haben auch Sie das schon einmal erlebt. Das überfordert Teams verständlicherweise völlig, da eine Flut von Emotionen plötzlich und scheinbar unbegründet losbricht.

Eine dritte, „neutrale" Person kann dabei helfen, die Konflikte zu lösen. Es ist der Wunsch nach jemandem, der einen klaren Kopf bewahrt und ein klärendes Gespräch moderieren kann – vor allem, wenn es wieder zu emotional wird. Das ist eine konstruktive Möglichkeit, denn die externe Moderation steuert das Gespräch bis zur Lösung. Sie stärkt die Bereitschaft, sich einzulassen und schützt vor Eskalation.

Emotionen sind förderlich, wenn sie frühzeitig genutzt werden, um wieder in einen ausbalancierten Zustand zu kommen. Sie zeigen Ihnen förmlich an, wann etwas angesprochen werden muss. Konflikte fühlen sich dann dringend an, und der Wunsch nach Klärung ist stark. Wird gewartet, bis keine Dringlichkeit mehr zu spüren ist, riskieren Sie unterdrückte Emotionen, die zu späteren Zeitpunkten umso massiver ausbrechen können.

Konflikte im Team erkennen

Erkennen Sie die frühen Anzeichen, dann lassen sich Missverständnisse und Schwierigkeiten leichter ansprechen. Die Fronten haben sich noch nicht verhärtet, und eine Klärung ist relativ schnell möglich. Ein Vier- oder Sechs-Augen-Gespräch löst Missverständnisse auf, und das Ansprechen von „dicker Luft" im Team bereinigt diese.

In diesem frühen Stadium offenbaren sich Konflikte nonverbal durch ausweichende Blicke, verschlossene Körperhaltung und die Augenbraue, die Zweifel ausdrückt. Gleichzeitig verändert sich auch die verbale Kommunikation. Waren Gespräche zuvor von lebendigem und offenem Austausch geprägt, herrscht nun beredtes Schweigen. Gleichzeitig wird der Flurfunk lebendig, jedoch wird eher übereinander, statt miteinander geredet.

Ebenso deutet ein Überbetonen von Schwierigkeiten an, dass es Stolpersteine im Team gibt, die aus dem Weg geräumt werden sollten. Wenn dann auch noch das Engagement nachlässt und die Stimmung im Team kälter wird, ist es bereits allerhöchste Zeit, etwas zu unternehmen. Das nächste Stadium, der erhöhte Krankenstand, der Versetzungsantrag und die (innere) Kündigung machen unübersehbar deutlich, dass ungeklärte Probleme vorhanden sind.

Konflikte bringen uns weiter

Konflikte bieten immer die Chance zur Verbesserung. Sie decken Mangelzustände auf, und die entwickelten Lösungen beseitigen diese – wenn Sie sich darauf einlassen! Das ist nicht immer leicht, denn Konflikte verändern den aktuellen Zustand. Die Beteiligten möchten das vielleicht nicht zulassen, was sich in der ersten Abwehr- oder Verteidigungsreaktion ausdrückt.

> Konflikte können jedes Team zu neuen Spitzenleistungen bringen!

Konfliktmuster steuern die Reaktion

Erst nach einiger Zeit, wenn die Selbststeuerung wieder funktioniert, können wir angemessen reagieren und Gedanken zulassen, die den Status quo infrage stellen. Eine offene oder verschlossene Sichtweise hat dabei viel mit der inneren Haltung gegenüber Konflikten zu tun. Erleben wir Angst und Scham, so greifen wir auf erlernte Konfliktmuster wie „Verbündete suchen!", „Macht verteidigen!" und „Bloß nicht nachgeben!" zurück. Doch zu welchem Ergebnis führt das?

Wo knirscht es im Getriebe?

Je trainierter Sie im Umgang mit Konflikten sind, desto souveräner können Sie diese lösen. Dann ist die Chance, aus Schwierigkeiten neue und passendere Haltungen und Handlungsalternativen zu entwickeln, hoch. Im Grunde zeigen Konflikte uns an, wo die Zahnräder der Zusammenarbeit Sand im Getriebe haben. Eine Reinigung hat zur Folge, dass das Teamgefüge wieder optimal oder sogar besser als vorher arbeitet. Genau darin besteht das Lernpotenzial, das Konflikte für uns bereithalten.

Aufeinander zugehen

Lösungen liegen nicht darin, uns weiter voneinander abzugrenzen, sondern die Stacheln einzuziehen und uns den Gemeinsamkeiten zuzuwenden. Hören Sie also im nächsten Konfliktfall genau hin, was gesagt wird.

Selbstreflexion: Sehe ich einen Konflikt als Chance?

Wie reagieren Sie auf einen Konflikt? Arbeiten Sie mit dem Fragebogen auf Seite 95 und beantworten Sie die Fragen ehrlich und selbstkritisch. Entdecken Sie Stellen, die sich durch Ihre veränderten Sichtweisen und Ihr angepasstes Verhalten tatsächlich verbessern würden? Leitung oder Teammitglied – der Fragebogen fordert Sie in gleicher Weise auf, sich selbst zu hinterfragen!

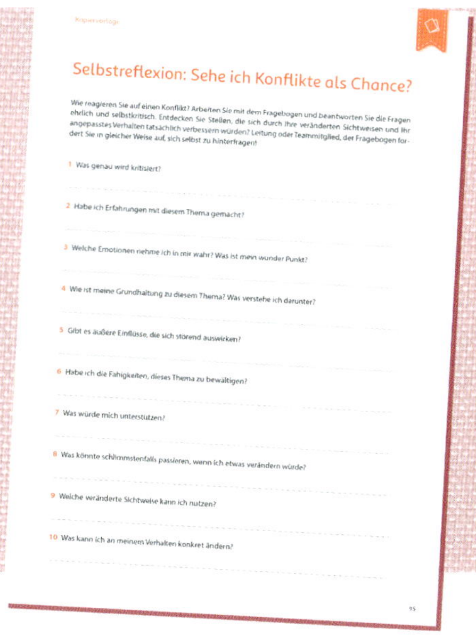

Selbstreflexion: Sehe ich Konflikte als Chance?

Wie reagieren Sie auf einen Konflikt? Arbeiten Sie mit dem Fragebogen und beantworten Sie die Fragen ehrlich und selbstkritisch. Entdecken Sie Stellen, die sich durch Ihre veränderten Sichtweisen und Ihr angepasstes Verhalten tatsächlich verbessern würden? Leitung oder Teammitglied, der Fragebogen fordert Sie in gleicher Weise auf, sich selbst zu hinterfragen!

1 Was genau wird kritisiert?

2 Habe ich Erfahrungen mit diesem Thema gemacht?

3 Welche Emotionen nehme ich in mir wahr? Was ist mein wunder Punkt?

4 Wie ist meine Grundhaltung zu diesem Thema? Was verstehe ich darunter?

5 Gibt es äußere Einflüsse, die sich störend auswirken?

6 Habe ich die Fahigkeiten, dieses Thema zu bewältigen?

7 Was würde mich unterstützen?

8 Was könnte schlimmstenfalls passieren, wenn ich etwas verändern würde?

9 Welche veränderte Sichtweise kann ich nutzen?

10 Was kann ich an meinem Verhalten konkret ändern?

95

Das Konfliktlösungspotenzial verbessern

Können Sie über Konflikte offen sprechen? Wenn ja, gehören Sie zu den Menschen, die sich nach einer Klärung besser fühlen. Die Sorge vor unangenehmen Gefühlen oder Folgen hält dagegen manch eine Kollegin zurück. Was für Sie Erleichterung bringt, kann bei anderen Menschen wiederum Ängste auslösen. Sie halten förmlich die Luft an und bekommen feuchte Hände.

Um in Konfliktlösungsprozesse einzusteigen, braucht man geeignete Methoden, die eine Vielfalt von Sichtweisen zutage bringen und Eskalation verhindern. Außerdem selbstbewusste Teammitglieder, die ihre Haltungen in Worte fassen können, ohne von Sorgen übermannt zu werden. Nicht Zurückhaltung, sondern tolerantes Engagement macht den Unterschied!

Geschickte Gespräche führen!

Konfliktlösungsgespräche können jederzeit kippen, das macht sie so schwierig. Je stärker der Alarmzustand der Kontrahenten, desto größer die Gefahr eines Gesprächsabbruchs. Vertrauen bildet die Basis. Bei verhärteten Fronten geht es nicht darum, direkt zum Konflikt vorzudringen. Die Beteiligten brauchen Zeit, um Vertrauen zu fassen: in die Moderation, die eigenen Fähigkeiten und eine tatsächlich mögliche Lösung.

Zuhören schafft Verständnis

Achten Sie also im Gespräch darauf, dass es nicht zu einem Schlagabtausch der Argumente kommt. Ein „Ich habe Beweise und deswegen recht!" führt nicht zur gemeinsamen Lösung, denn Beweise gibt es für alle subjektiven Sichtweisen, und die Fronten verhärten sich vielleicht noch stärker.

Vielmehr geht es darum, einander zuzuhören und Beweggründe und Bedürfnisse des anderen zu verstehen. Verstehen ist nicht gleich Zustimmung. In diesem Prozess entsteht Verständnis und Akzeptanz, vielleicht sogar Versöhnung.

Bedenken Sie bei der Entwicklung von Lösungen, dass bekannte Varianten wahrscheinlich als erste genannt werden. Doch sind das nicht immer die besten Resultate. Erwägen Sie weitere, vielleicht auch ganz neue Varianten.

Achten Sie als Moderatorin immer auf Unparteilichkeit, genauso wie auf gleich verteilte Redeanteile. Beachten Sie den roten Faden und halten Sie permanent Kontakt zu den Beteiligten. Falls es zu keiner Lösung kommt, setzen Sie das Gespräch zu einem späteren Zeitpunkt fort.

Selbstreflexion: Vermeide ich Konflikte?

Was verhindert, dass ich mich in Konflikte einbringe? Manchmal sind es Glaubenssätze, die verhindern, dass wir klärende Gespräche suchen. Diese neu zu formulieren und dabei alte Überzeugungen zu aktualisieren, könnte ein konstruktiver Weg sein, Probleme zu lösen.
Formulieren Sie für sich selbst das Gegenteil und machen Sie sich gestärkt auf den Weg! Dabei hilft Ihnen der Fragebogen auf Seite 96.

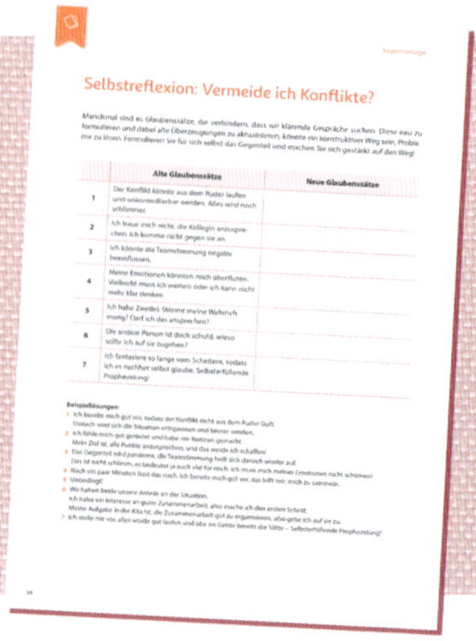
Selbstreflexion: Vermeide ich Konflikte?

	Alte Glaubenssätze	Neue Glaubenssätze
1	Der Konflikt könnte aus dem Ruder laufen und unkontrollierbar werden. Alles wird noch schlimmer.	
2	Ich traue mich nicht, die Kollegin anzusprechen. Ich komme nicht gegen sie an.	
3	Ich könnte die Teamstimmung negativ beeinflussen.	
4	Meine Emotionen könnten mich überfluten. Vielleicht muss ich weinen oder ich kann nicht mehr klar denken.	
5	Ich habe Zweifel: Stimmt meine Wahrnehmung? Darf ich das ansprechen?	
6	Die andere Person ist doch schuld, wieso sollte ich auf sie zugehen?	
7	Ich fantasiere so lange vom Scheitern, sodass ich es nachher selbst glaube. Selbsterfüllende Prophezeiung!	

Beispiellösungen:

Der ideale Gesprächsverlauf

Begrüßung und Festlegen der Gesprächsstruktur
Persönliche Begrüßung und angemessener Small Talk.
Was ist der Anlass des Gespräches?
Wie viel Zeit steht zur Verfügung?
Welche Struktur hat das Gespräch?

Gesprächsregeln festlegen
In welcher Weise wird kommuniziert? (zuhören, gleiche Redeanteile)
Wie gehen wir mit Wortmeldungen um? (Handzeichen)
Was soll nicht stattfinden? (Angriffe, ins Wort fallen, persönliche Beschimpfung)

Gemeinsames Ziel finden
Was möchten Sie erreichen?
Was soll für die Kita dabei herauskommen?

Analyse des Konfliktes
Vorbereiten von verschiedenen Aspekten wie Bedürfnisse, Gefühle, Geschehnisse, sachliche Ursachen, Beteiligte
Inhalte im Gespräch benennen

Lösungsideen entwickeln
Lösungsmöglichkeiten sammeln (Brainstorming, paradoxe Fragen, Hut-Methode, siehe Seite 72/73)

Lösungen bewerten und eine Entscheidung treffen
Was könnte gut funktionieren?
Was würde kurzfristig oder langfristig eine Besserung bringen?
Mit welcher Lösung hätte sich das Problem morgen bereits verbessert?

Vorgehen konkretisieren und planen
In welcher Reihenfolge gehen Sie vor?
Welche konkreten Schritte sind notwendig?
Was muss vorher geklärt werden?
Was brauchen Sie, um anfangen zu können?

Zusammenfassung und Verabschiedung
Ergebnisse mündlich zusammenfassen
Wenn erforderlich, gemeinsam dokumentieren, unterschreiben und vervielfältigen
Verabschiedung und Dank für das konstruktive Gespräch

6 Tipps, damit es mit der Lösung klappt!

1 Achten Sie auf Ihre Mimik und Gestik. Sie drückt Ihre Gedanken und Gefühle aus. Im Konfliktfall wird die nonverbale Sprache des Gegenübers genau beobachtet, denn sie verrät, was Sie wirklich denken und ob man Ihnen vertrauen kann. Achten Sie auf Ihre Empfindungen und drücken Sie diese besser verbal aus!

2 Planen Sie genügend Zeit für das Gespräch ein. Nehmen und geben Sie sich immer wieder Raum, die erste Emotion in Nachdenken zu verwandeln. So haben Sie eine Chance, Ihre automatisierten Schutzprogramme auszuschalten. Schnelle Lösungen bringen Sie zwar schneller aus unangenehmen Situationen heraus, jedoch sind sie nicht immer nachhaltig.

3 Vereinbaren Sie zu Beginn des Gespräches Stillschweigen. Geben Sie bis zur Klärung keine Inhalte nach außen weiter. Das stärkt das Vertrauen!

4 Achten Sie auf Ihre Sprache! Keine Interpretationen, keine Provokationen und keine Killerphrasen: *Das geht sowieso nicht! Das ist doch albern! Immer diese abstrusen Vorschläge! Diese ganze Gefühlsduselei ist lächerlich!* Stattdessen stellen Sie Fragen, hören zu und sprechen über sich, nicht über andere.

5 Unterscheiden Sie immer zwischen dem Menschen und dem Problem. Personalisierte Konflikte landen schnell auf einer persönlichen Ebene und entfalten dort ihre destruktive Kraft.

6 Übernehmen Sie Verantwortung für sich selbst. Die andere Person ist nicht schuld an Ihrer Situation. Sie haben sich aufgrund Ihrer Emotionen und Sichtweisen für diese Lage entschieden. Sie können jederzeit eine andere Entscheidung treffen und Ihre Situation verändern! Klingt provokant? Versuchen Sie es!

Fragen-Tool: Paradoxe Fragen stellen

Ziele:
- Reframing
- Umdenken

Ablauf:
Paradoxe Fragen lenken die Sichtweisen in eine andere Richtung. Sie sind in Gesprächen, in denen sich nur wenig bewegt, hilfreich. Sie wirken häufig zunächst irritierend oder provokant, doch genau das bewirkt das Umdenken.

1 Wem nützt der Konflikt etwas?
2 Was bringt es Ihnen, wenn der Konflikt nicht gelöst wird?
3 Was tun Sie dafür, dass es keine Lösung gibt?

Hut-Tool: Die Sechs-Hut-Methode

Material: Moderationskarten in sechs Farben, Flipchart, Papier

Ziele:
- Wahrnehmungs- und Kommunikationsschulung
- Erleben von Vielfalt als Bereicherung
- Finden neuer Lösungen

Ablauf:
Sechs verschiedene Denkrichtungen und sechs Hüte: Symbolisch setzen die Teilnehmer die Hüte auf und schlüpfen in die vorgesehene Rolle. Sie tragen mit ihren Beobachtungen, Wahrnehmungen und Ideen zur Erweiterung der Sichtweisen bei und ermöglichen so das Entwickeln neuer Lösungen.
Zu Beginn wird eine Fragestellung formuliert und für alle sichtbar notiert. Dann wird diskutiert.

Blau: Moderation
Der blaue Hut moderiert und organisiert die Wortbeiträge. Ausgeglichene Redeanteile halten die Diskussion lebendig. Die Person hält den roten Faden und steuert durch Fragen immer wieder zum Ziel.

Weiß: Neutralität und Sachlichkeit
Der weiße Hut sammelt Informationen, notiert und protokolliert. Die Person in der Rolle verhält sich neutral. Sie stellt die Themen sachlich dar, fasst sie zusammen und sorgt für den Überblick.

Gelb: Positive Objektivität
Was spricht dafür? Was könnte dadurch erreicht werden? Die Rolle des gelben Hutes bringt sich durch das Äußern von Stärken, Pluspunkten und Chancen ein. Diese sollten realistisch sein.

Schwarz: Negative Objektivität
Was spricht dagegen? Was könnte schiefgehen? Der schwarze Hut äußert realistische Bedenken und Risiken und macht auf Stolpersteine aufmerksam, die einbezogen werden müssen.

Rot: Persönlich und subjektiv
Der rote Hut übernimmt die Seite der Gefühle – positiv oder negativ. Sachlichkeit steht hinten an, und es bedarf keiner Rechtfertigung für die subjektive Wahrnehmung. „Ich fühle mich hoffnungsvoll." oder „Das frustriert mich." – Alles darf geäußert werden.

Grün: Kreative Innovation
Der grüne Hut versorgt die Gruppe mit Ideen und Alternativen. Diese sollten nicht bereits bekannt sein und auch nicht nach Realisierbarkeit bewertet werden. Es dürfen durchaus Grenzen überschritten werden, denn so inspiriert die Person auf dem Weg zur neuen Lösung. Der Einsatz von Kreativitätstechniken hilft dem grünen Hut dabei (Mindmapping/Brainstorming/Übertreibungen).

Jedes Team braucht Pflege

So erhalten Sie die Teammotivation

Das war ein intensives Jahr, reflektiert Frau Ebert zum Jahresende. Sie denkt über die zurückliegende Zeit nach. Neueinstellungen, erfolgreich bewältigte Konflikte und immer wieder Reflexionen und Anpassungen. Die Arbeit in der Kita hat sich weiterentwickelt, und sie fühlt Stolz, wenn sie an die Einsatzbereitschaft ihres Teams – auch in schwierigen Phasen – denkt.

„Wie kann ich das Team in Zukunft so unterstützen, dass es regelmäßige Erholungsphasen gibt und das Engagement erhalten bleibt?", fragt sich Frau Ebert. Stichworte wie Teamklima, Stress- und Gesundheitsmanagement kommen ihr in den Sinn. Sind wir in dieser Hinsicht gut genug aufgestellt, um die Leistungsfähigkeit des Teams in Balance zu halten?

Sie beschließt, sich näher zu informieren und auch ihr Team in eine aufmerksame Planung einzubeziehen.

Jedes Team braucht Pflege

Unser Team ist einzigartig

Einen Arbeitstag mit dem Gedanken „Ich freue mich!" zu beginnen, ist erfrischend. Am Morgen bereits die Energie einer motivierenden Umgebung zu spüren und Teil eines erfolgreichen Tages zu werden, spornt an. Selbst wenn nicht alles optimal läuft – und das ist schließlich an den meisten Tagen der „Normalfall" –, so wirkt ein angenehmes Teamklima motivierend und schützend. Rückschläge lassen sich leichter verkraften, und es beim nächsten Mal besser zu machen, fällt ebenfalls leichter. Ein vertrauensvolles Miteinander trägt viel zum emotionalen Gleichgewicht bei.

Ein Team mit Identität und Stabilität ist eine Gemeinschaft, die fachkompetent auftritt und gleichzeitig eine hohe Zufriedenheit ausstrahlt. Die Mitglieder eines solchen Teams fühlen sich zugehörig und sind stolz, Teil des Ganzen zu sein und zu bleiben.

Kann ein Team eine Identität haben?

Jedes Team hat seine Eigenheiten und unterscheidet sich darin von anderen Teams. Damit verbunden sind besondere Merkmale, die nicht nur intern wirken, sondern auch nach außen hin bemerkbar sind. Betritt man als außenstehende Person eine Kindertageseinrichtung, so bemerkt man sofort, welche Atmosphäre im Haus herrscht:

- Wie kommuniziert das Team mit den Kindern, den Eltern und untereinander?
- Wie ist die Stimmung und welches Klima ist spürbar?
- Wie werden professionelle Themen präsentiert?
- Wie sind die Räume gestaltet?

Die Identität eines Teams ist ein Ergebnis dessen, was bisher gemeinsam erarbeitet und erlebt wurde. Das sind die fachlichen Anteile, die Gestaltung des Miteinanders und die gemeinsamen Erfolge und Erlebnisse. Je stärker die Einzelnen sich mit dem Team identifizieren können, desto fester ist die Verbindung. Ein solches Team glaubt an seine Fähigkeiten und kann seine Stärken umsetzen!

Externes Meinungs-Tool: Gäste-Feedback

Ziele:
- Erhalt eines wertschätzenden und ehrlichen Feedbacks
- Entdecken von Verbesserungsmöglichkeiten
- Schulung der Kritikfähigkeit

Ablauf:
Laden Sie zu Ihrer nächsten Veranstaltung Erzieherinnen aus einer Nachbar-Kita (oder alternativ: aus einer anderen Gruppe Ihrer Kita) ein. Bitten Sie diese, Ihnen ein ehrliches Feedback zu geben. Das ermöglicht Ihnen, eine Rückmeldung von außen zu bekommen, die gleichzeitig fachlich geprägt ist.

Besprechen Sie zuvor, welche Regeln eingehalten werden sollten, und entwerfen Sie einen Fragebogen, der die für Sie wichtigen Aspekte enthält. Sie bekommen so Antworten, die Sie zur gezielten Weiterentwicklung nutzen können.

Identitäts-Tool: Gestern, heute und morgen – das sind wir!

Material: Bildkarten (Varianten: bunte Moderationskarten, Stifte)

Ziele:
- Bewusstmachen von Teameigenschaften
- Schaffen einer Teamidentität
- Entwickeln von zukünftigen Zielen

Ablauf:
Das Team sitzt im Kreis, die Bildkarten sind verdeckt in der Mitte ausgelegt. Geeignet sind hier Bilder, die Personen, Tiere, interaktive Situationen, Landschaften, Gegenstände oder Symbole abbilden. Die Karten sind entweder fotorealistisch oder handgemalt gestaltet.
Jemand zieht die erste Karte und assoziiert anhand des aufgedeckten Bildes eine Aussage zum Team, startend mit der Vergangenheit. Diese Aussage wird auf einer Moderationskarte notiert. So geht es reihum weiter. Haben alle etwas zur Vergangenheit gesagt, kommt die Runde der Gegenwart. Daran schließt sich die Runde der Zukunft an.

Die Moderationskarten bleiben offen liegen und bilden im Verlauf die Eigenschaften des Teams mit seinen zukünftigen Zielen ab. Zusammenfassende Notizen werden auf einem Flipchart erstellt und zur Dokumentation fotografiert.

Varianten:
- Steuern Sie anstehende Veränderungen, indem Sie zum Projekt assoziieren und eine mögliche Zukunft entwickeln. Leiten Sie daraus dann die Planung des Vorgehens ab. „Was brauchen wir, um die Veränderung zu bewältigen?"
- Assoziieren Sie unter Berücksichtigung einer bestimmten Fragestellung: „Was zeichnet unser Team aus?" oder „Was macht unsere Pädagogik aus?"

Prima Klima im Team

Es klingt manchmal wie ein Wetterbericht, wenn wir über das Teamklima sprechen. Die Gewitterstimmung, ein paar Wolken am Horizont oder der klare Himmel, alles Begriffe, die die Stimmung im Team ausdrücken.

Ein gutes Teamklima kann sich entwickeln, wenn die Teammitglieder ungezwungen und offen miteinander sein können. Da steht nichts im Raum, was unausgesprochen ist, und alle verfügen über so viel Kompetenz zur Selbststeuerung, dass sie eigenverantwortlich mit Unklarheiten und Missverständnissen umgehen können. Auch Unterschiede in pädagogischen Fragestellungen verunsichern das Team weniger. Das Vertrauen in die anderen ist hoch, und man kann sich nicht nur fachlich, sondern auch emotional auf die Kolleginnen verlassen.

Ein positives Teamklima benötigt immer wieder Anregungen und wird im Erleben des Miteinanders erschaffen und gestärkt.

Anregungen für ein positives Teamklima:

1. Schaffen Sie professionelle Möglichkeiten der Zusammenarbeit. Das können gruppenübergreifende Projekte mit Kindern und Eltern sein oder die gemeinsame kinderfreie Arbeitszeit, die für Fallbesprechungen genutzt wird.
2. Oder wie wäre es, einen Monat des „Gruppentausches" ins Leben zu rufen? Alle lernen die Arbeit in den anderen Gruppen kennen und tauschen sich in einem anschließenden Feedbackgespräch über die Erfahrungen aus!
3. Nutzen Sie Team- oder Konzeptionstage, um miteinander in den fachlichen Austausch zu gehen. Starten Sie mit einem gemeinsamen Frühstück, um die Gemeinschaft zu stärken. Steigen Sie dann in die fachliche Arbeit ein. Lockern Sie zwischen den Arbeitsphasen mit aktionsreichen Methoden auf – zum Beispiel mit dem Spiegel- oder dem Koordinations-Tool.
4. Rituale stärken die Identität und können gemeinsam entwickelt werden. Manchmal ergeben sie sich auch spontan aus einer Situation heraus. Ob Sie Geburtstage oder jahreszeitliche Ereignisse gestalten – wiederkehrende Aktionen, die es nur in Ihrem Team gibt, zeichnen Sie aus. Verändern Sie die Rituale jedoch, sobald sie zur lästigen Pflicht werden!
5. Leben Sie Wertschätzung und planen Sie kleine Aktionen im Alltag, wie beispielsweise Schatzkästchen in der Vorweihnachtszeit mit Sprüchen, interaktiven Gutscheinen und persönlichen Nachrichten. Auch „Kolleginnenbücher", die – ähnlich wie Freundschaftsbücher – mit besonderen Fähigkeiten und gemeinsamen Erlebnissen gefüllt werden, drücken Wertschätzung aus.
6. Machen Sie Teamausflüge zum Erlebnis – sei es der Betriebsausflug oder das informelle Treffen. Geeignet sind alle Aktionen, die einladen, zusammen etwas außerhalb der Arbeitssituation zu erleben: Klettern im Hochseilgarten, Kanu fahren oder gemeinsames Kochen. Achten Sie auf freiwillige Teilnahme, und respektieren Sie die Entscheidungen!

Spiegel-Tool: Ich sehe dich im Spiegel!

Ziele:
- Schulung der Wahrnehmung
- Üben, sich zurückzunehmen

Ablauf:
Wie im Spiegel bewegen sich zwei gegenüberstehende Personen. Die eine gibt vor – die andere versucht, die Bewegung möglichst identisch darzustellen. Nach einer vereinbarten Zeit wird gewechselt. Im Anschluss tauschen beide die Erfahrungen aus: Wie fühlte ich mich in der jeweiligen Position? Gibt es einen Lerneffekt?

Varianten:
Die eine Person gibt Mimik, Gestik und Bewegungen vor, die sie bei der anderen Person zuvor beobachtet hat.

Bewegungs- und Koordinations-Tool: Schwung in die Teamkoordination bringen!

Material: Schwungtuch, Bälle, mehrere Augenbinden

Ziele:
- Verbesserung der Teamkoordination
- Verbesserung der Teamkommunikation
- Klären von Rollen
- Fokussierung auf eine gemeinsame Aufgabe

Ablauf:
Im Schwungtuch werden die Bälle hochgeworfen und gemeinsam wieder aufgefangen. Ein Ball nach dem anderen wird dabei gezielt herausgeworfen. Fallen zwei oder mehrere Bälle heraus, wird eine Person blind: Ihr werden die Augen verbunden. Jetzt kommt es auf Koordination und Kommunikation an!

Anschließend kann reflektiert werden:
- Wie steuern wir uns in Projekten?
- Welche Rollen übernehmen wir?
- Wie sorgen wir dafür, dass alle Teammitglieder, auch die „Blinden", alle wichtigen Informationen bekommen?
- Was können wir verbessern?

Varianten:
- Die Anzahl der Bälle und der „blinden" Personen wird vom Team bestimmt. Was traut das Team sich zu?
- Die Bälle haben verschiedene Größen. Mehrere Absprachen sind notwendig.
- Fallen mehr als die festgelegte Anzahl an Bällen heraus, fängt das Team wieder von vorn an. Das erfordert Durchhaltevermögen!

Professionalität motiviert

Fragt man Erzieherinnen, warum sie ihren Beruf ergriffen haben, so ist bei vielen die Antwort: „Um mit Kindern zu arbeiten!" oder „Um Kinder in ihrer Entwicklung professionell zu unterstützen." Beide Aussagen drücken eine Kernmotivation aus, die zu diesem bestimmten Berufswunsch führte.

Organisation versus Arbeit am Kind

Beobachten Sie die Entwicklung der tatsächlichen Arbeit in den Kitas, so stellen vielleicht auch Sie fest, dass die Arbeit der Fachleute sich in eine Richtung verändert hat, die nicht mehr unbedingt der ursprünglichen Motivation entspricht. Die Idee des professionellen Arbeitens spiegelt sich zunehmend weniger in der Interaktion mit Kindern wider. Mehr und mehr Dokumentations- und Verwaltungsarbeiten kommen hinzu und führen bei vielen Pädagogen zu Frust.

Der aktuelle Mangel an ausgebildeten Erzieherinnen und die immer deutlicher werdende Ausrichtung des Angebotes an der Nachfrage macht es darüber hinaus mancherorts schwieriger, die Tätigkeit, die mit dem Berufswunsch verbunden war, zu verwirklichen. Dabei ist es für viele Pädagoginnen sehr zufriedenstellend, einen hohen qualitativen Anspruch umzusetzen. Ein Hochleistungsteam, das diese Qualität in der Bildungs- und Betreuungsarbeit gemeinsam umsetzen möchte, kann die Zufriedenheit noch um einiges steigern. Zu erleben, wie wirksam der eigene Einsatz für Kinder und Familien sein kann, ist ein bedeutendes Erfolgserlebnis.

Spielräume nutzen

Geben Sie Ihrem Team die Gelegenheit, professionell und zufrieden zu arbeiten. Schaffen Sie klare Rahmenbedingungen mit Regelungen für Qualitätszeit am Kind und zur kinderfreien Arbeitszeit. Diskutieren Sie gemeinsam, welche Aufgaben wann und in welchem Umfang wahrgenommen werden müssen oder können. Mit einem geschulten Zeitmanagement werden die Aufgaben dann besser organisiert.

Sie können die Bedingungen Ihrer Arbeit nicht völlig umkrempeln, jedoch können Sie die Spielräume, die Ihnen zur Verfügung stehen, nutzen!

Supervision entstresst und macht uns aufmerksam

Als Beratungsmethode verbessert Supervision das fachliche Arbeiten und kann in schwierigen Situationen den Stress reduzieren. Sie schafft (Zeit-)Räume, die für Themen ideal sind, die im Alltag keinen angemessenen Rahmen finden oder die ein Team nicht ohne Hilfe ansprechen kann.

Supervision wird als sehr unterstützend erlebt, denn der Blick von außen trägt dazu bei, die Dinge „in ein anderes Licht zu rücken", und dort bieten sich immer wieder erstaunliche Eindrücke. Die Beratung entlastet ein Team, fordert es gleichzeitig heraus und ermöglicht damit gemeinsames Lernen.

Supervision ist am wirkungsvollsten, wenn sie als stetig begleitendes Element eingesetzt wird – so kann die Beratung ihr Potenzial entfalten und wird zur wertvollen Teamzeit. Das sichert und steigert die Professionalität permant.

> Anhalten
> und wahrnehmen:
> Was braucht
> das Team?

Besonders wichtig: Gesundheit

Gesundheit ist ein wichtiges Thema! Die Gesundheit am Arbeitsplatz sollte für Sie und Ihr Team stets eine wichtige Rolle spielen. Im Rahmen seiner Fürsorgepflicht hat auch der Träger ein Interesse daran, die Arbeitsbedingungen bestmöglich zu gestalten.
Reduzierte Gefährdungen tragen langfristig zur Zufriedenheit der Teammitglieder bei. Hier sind die hauptsächlichen Belastungsfaktoren:

Infektionen

Ihre Kita ist ein Treffpunkt für Viren, Bakterien und sonstige übertragbare Erkrankungen. Kranke Kinder und kranke Erwachsene – sie alle treffen sich in der Kita und sorgen trotz eines guten Infektionsschutzes für eine weitreichende Verbreitung von allem, was den Weg in die Gemeinschaftseinrichtung findet.

Grundsätzlich sollten sich kranke Menschen in einer Umgebung erholen, die dazu geeignet ist. Das sind ganz sicher nicht der Arbeitsplatz und auch nicht der Ruheraum für kranke Kinder. Im offensichtlichen Fall, dass die Erkrankung bereits ausgebrochen ist, lässt sich das umsetzen. Die Inkubationszeit vor dem Ausbruch einer Krankheit kommt jedoch ohne Anzeichen daher. Bevor wir es bemerken, ist es längst passiert.

Für Kitas und Familien beginnt beim Thema *Infektionen* oft ein Dilemma, aus dem beide Seiten nicht wirklich herauskommen. Unter dem Druck der Arbeitsstellen bringen Eltern ihre Kinder oft krank in die Einrichtung. Für Erzieherinnen ein Grund des Ärgers. Verständlich, denn die eigene Gesundheit und die der anderen ist dadurch gefährdet.

Infektionen lassen sich nicht immer verhindern. Und im Umgang damit bewegen Sie sich in nur schwer oder gar nicht aufzulösenden Spannungsfeldern. Das ist schwer auszuhalten, und es entstehen immer wieder Reibungspunkte. Sie können diesen so gut wie möglich begegnen, indem Sie Ihre Teamhaltung zu den Themen überprüfen und aktiv ins Gespräch gehen. Auch wenn es schwerfällt: Aufeinander zugehen bringt mehr als verschärfte Fronten!

Praxistipp: Überprüfen Sie Ihre Teamhaltungen zum Thema Krankheiten

1. Was bedeuten kranke Kolleginnen für das Team? Ansteckungsgefahr kontra Personalausfall? Was sind die Beweggründe für die unterschiedlichen Haltungen?
2. Diskutieren Sie im Team, welche Situationen erkrankter Kinder noch tragbar sind. Beziehen Sie gemeinsam mit dem Träger Stellung.
3. Denken Sie mit Elternrat und Eltern zusammen über alternative Betreuungsformen nach. Schaffen Sie Netzwerke, die bei Engpässen in der Betreuung Lösungen bieten.
4. Was brauchen kranke Kinder? Betreiben Sie Gesundheitsaufklärung und laden Sie Fachleute zu Informationsveranstaltungen ein.
5. Machen Sie den Eltern die Grenzen der Kita-Betreuung und deren Sinn deutlich. Nehmen Sie nicht an, dass Eltern das eigentlich wissen müssten. Selbst wenn das so ist, so bewegt ein Gespräch vielleicht doch etwas.

Körperliche Belastung

Die körperliche Belastung durch nicht angemessene Körperhaltungen ist nicht zu unterschätzen. Ergonomisches Mobiliar für Erwachsene schützt vor gesundheitlichen Folgen. Erzieherstühle und Arbeitsplätze für Erzieherinnen sowie Präventionsschulungen sind wirksame Maßnahmen. Einseitige Bewegungen und schweres Heben werden durch entsprechende Hilfsmittel ebenfalls verbessert.

Praxistipp: Arbeitssicherheit

Auf den Seiten der Berufsgenossenschaft (www.bgw-online.de) finden Sie sehr gute kostenlose Ratgeber zu den Themen *Die sichere Kita* und *Gesund und sicher arbeiten.* Weitere Informationen finden Sie bei den Landesunfallkassen und Unfallversicherungsverbänden.

Lärm

Laute Stimmen, Mobiliar und bauliche Ausstattung führen mancherorts zu erheblicher Lärmbelästigung. Gemessen liegt der Lärmpegel meist nicht durchgehend in einem zu hohen Bereich, er steigt aber zeitweise extrem an – schlecht für Erzieher- und Kinderohren sowie deren Stimmen!

Lärmschutzmaßnahmen beginnen mit baulichen Maßnahmen, gehen über Lautstärkedämmung bis hin zur veränderten Spielgestaltung. Sprechen Sie mit Ihrem Träger über mögliche Maßnahmen wie eine Lärmmessung und Verbesserung der Bedingungen.

Checkliste: Gesundheit in der Kita

Wie steht es um die Arbeitssicherheit in Ihrer Kita? Gehen Sie die Liste auf Seite 97 durch und zählen Sie im Anschluss die jeweiligen Punkte. Je häufiger Sie ein Häkchen gesetzt haben, umso besser sind Sie aufgestellt. Bessern Sie dann nach, was noch fehlt.

Fehlt die Hälfte oder mehr der Präventionsmaßnahmen, sollten Sie dringend aufrüsten, um Ihre Gesundheit auf Dauer zu schützen. Natürlich können Sie die Liste durch eigene Maßnahmen ergänzen.

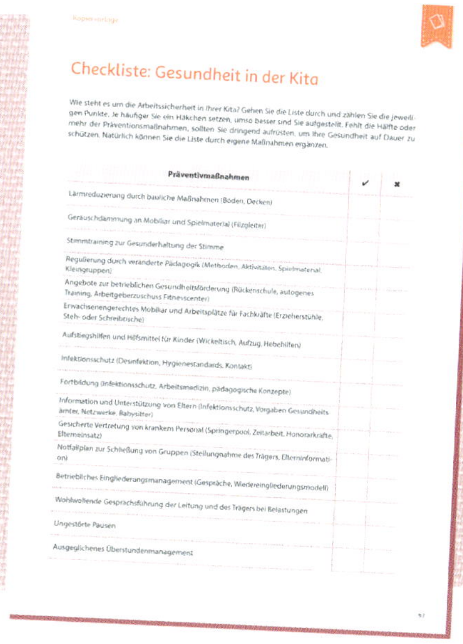

Checkliste: Gesundheit in der Kita

Wie steht es um die Arbeitssicherheit in Ihrer Kita? Gehen Sie die Liste durch und zählen Sie die jeweiligen Punkte. Je häufiger Sie ein Häkchen setzen, umso besser sind Sie aufgestellt. Fehlt die Hälfte oder mehr der Präventionsmaßnahmen, sollten Sie dringend aufrüsten, um Ihre Gesundheit auf Dauer zu schützen. Natürlich können Sie die Liste durch eigene Maßnahmen ergänzen.

Präventivmaßnahmen	✔	✖
Lärmreduzierung durch bauliche Maßnahmen (Böden, Decken)		
Geräuschdämmung an Mobiliar und Spielmaterial (Filzgleiter)		
Stimmtraining zur Gesunderhaltung der Stimme		
Regulierung durch veränderte Pädagogik (Methoden, Aktivitäten, Spielmaterial, Kleingruppen)		
Angebote zur betrieblichen Gesundheitsförderung (Rückenschule, autogenes Training, Arbeitgeberzuschuss Fitnesscenter)		
Erwachsenengerechtes Mobiliar und Arbeitsplätze für Fachkräfte (Erzieherstühle, Steh- oder Schreibtische)		
Aufstiegshilfen und Hilfsmittel für Kinder (Wickeltisch, Aufzug, Hebehilfen)		
Infektionsschutz (Desinfektion, Hygienestandards, Kontakt)		
Fortbildung (Infektionsschutz, Arbeitsmedizin, pädagogische Konzepte)		
Information und Unterstützung von Eltern (Infektionsschutz, Vorgaben Gesundheitsämter, Netzwerke, Babysitter)		
Gesicherte Vertretung von krankem Personal (Springerpool, Zeitarbeit, Honorarkräfte, Elterneinsatz)		
Notfallplan zur Schließung von Gruppen (Stellungnahme des Trägers, Elterninformation)		
Betriebliches Eingliederungsmanagement (Gespräche, Wiedereingliederungsmodell)		
Wohlwollende Gesprächsführung der Leitung und des Trägers bei Belastungen		
Ungestörte Pausen		
Ausgeglichenes Überstundenmanagement		

Wenn's mal stressig wird

Stress, wer kennt das nicht? Zu viele Termine und zu viel Arbeit, da kommt Druck auf. Als kurzer und vorübergehender Zustand ist Stress kein Problem für den Körper. Wird Stress jedoch zum Dauerzustand, wirkt er sich negativ auf uns aus.

Auf das Gleichgewicht kommt es an

Das liegt daran, dass sich im Belastungsfall der Anteil an Stresshormonen erhöht, was dafür sorgt, dass sich der Körper an die anstrengende Situation anpasst. Alles läuft auf Hochtouren und wir verfügen in solchen Phasen tatsächlich über viel Energie. Ja, manchmal fühlt es sich sogar richtig gut an, so präsent zu sein.

Folgt auf eine Stressphase dann eine Erholungsphase, balanciert sich der Körper wieder im Normalzustand ein. Erholung, Ausgleich und Ruhe, das alles sorgt dafür, dass die Hormonausschüttung sich so einpendelt, wie es für den Körper gesund ist.

Wenn Stress zum Problem wird

Fällt die Erholungsphase jedoch aus, weil wir unter Dauerstress stehen, kommt es zu Erschöpfungsanzeichen. Diese beginnen vielleicht harmlos mit Nervosität, haben aber auf Dauer ernst zu nehmende Folgen wie Schlaflosigkeit, Bluthochdruck und weitere Erkrankungen.

Praxistipps: Stressreduktion

Auch wenn die Arbeitsdichte die gleiche ist, kann durch eine veränderte Selbstorganisation einiges optimiert werden:

- Überblick verschaffen
- Projekte realistisch planen
- Zeitmanagement anpassen
- Aufgaben beenden oder reduzieren
- Qualität statt Quantität
- Fähigkeiten verbessern
- Prioritäten setzen
- Unklarheiten beseitigen

Die eher haltungsorientierte Vorgehensweise geht davon aus, dass sich Stress auslösende Faktoren verändern, wenn diese nicht mehr als Auslöser wahrgenommen werden. Wäre das auch eine Alternative für Sie?

Kleine Auszeiten

Vielleicht haben Sie schon einmal das Massageangebot oder das autogene Training in der Mittagspause wahrgenommen? Was für eine wunderbare Möglichkeit, für eine kleine Auszeit zu sorgen. Angebote solcher Art gibt es zunehmend, warum also nicht auch in der Kita? Manche Träger bieten einen Zuschuss zum Sport im benachbarten Fitnesscenter an, wo man Stresshormone nach der Arbeit erfolgreich abbauen kann. Wenn Sie es lieber ganz ruhig mögen, nutzen Sie doch einmal den Snoozle-Raum für Ihre Mittagspause.

In allen Fällen sind die Aktionen gesundheitsdienlich. Vielleicht finden Sie auch in Ihrem Team passende Möglichkeiten, kleine Auszeiten in den Alltag einzubauen!

Wohlfühl-Tool: Team-Wohlfühl-Liste

Ziele:

- Möglichkeiten des Ausgleichs während der Pausen finden
- Möglichkeiten des Krafttankens am Arbeitsplatz finden

Ablauf:
Hängen Sie eine Liste im Personalraum auf, in die – während einer festgelegten Zeit – Entspannungsmöglichkeiten eingetragen werden können. Diese Liste wird dann ins Reine geschrieben und jedem Teammitglied, mit der Bitte, möglichst oft Gebrauch davon zu machen, zur Verfügung gestellt.

So reduzieren Sie eigenen Stress

1. Konflikte lösen
2. Entscheidungen treffen und „Nein" sagen
3. Wichtigkeit heruntersetzen, durch „Sichtweisenveränderung"
4. Situation akzeptieren und Frieden damit schließen
5. Balance herstellen und mehr Ausgleich finden (Hobby, Sport, Familie)
6. Reflexion: Brauche ich Stress? Was ist der Gewinn daran? Mag ich das Gefühl, gebraucht zu werden?

Sie merken schon, diese Lösungen setzen an der kritischen Selbstreflexion an. Schaffen Sie es, auch hierzu Lösungen zu entwickeln und entspannter an stressige Situationen heranzugehen?

Öfter *Nein* sagen!

Sagen Erzieherinnen zu oft *Ja*? Das kann schon sein, denn ein *Nein* fällt häufig schwer, weil Sie sich verpflichtet fühlen, nicht ablehnen können oder wollen. Ein *Nein* muss dabei gar nicht mit strikter Ablehnung verbunden sein. Viel wichtiger ist, dass Sie sich Zeit nehmen zu überlegen, was Sie wirklich wollen! Dann können Sie die Tragweite überblicken und eine bewusste Entscheidung treffen. So drücken Sie, trotz einer Ablehnung, Verbindlichkeit aus und gehen verantwortungsvoll mit Ihrer Zeit und Energie um.

Formulierungshilfen zum Nein-Sagen

- „Ich möchte das nicht sofort entscheiden. Mir fehlen noch einige Informationen."
- „Ich möchte mit dem Team darüber sprechen. Nächste Woche erhalten Sie eine Rückmeldung."
- „Es freut mich, dass Sie an mich gedacht haben, jedoch muss ich aufgrund meiner aktuellen Arbeitsdichte ablehnen."
- „Im Moment passt es nicht, aber vielleicht können wir in zwei Wochen einen neuen Termin machen?"

Rückmeldungs-Tool: Wohltuende Rücken-Meldung

Material: Papier, Klebestreifen, Stifte (Achten Sie darauf, dass der Stift nicht durchdrückt und die Kleidung verschmutzt.)

Ziele:
- Hervorheben und Entdecken von Stärken
- Stärkung des Selbstwertgefühls
- Stärkung des Teamzusammenhalts

Ablauf:
Alle Teammitglieder befestigen sich gegenseitig ein Blatt Papier auf dem Rücken. Nun füllen die Kolleginnen ihre Rücken-Schilder gegenseitig mit Stärken. Wenn alle fertig sind, lösen und lesen sie die Notizen.
Impulse: *Was ich an dir bewundere! Was du sehr gut kannst! Deine Stärke, die uns alle bereichert!*

In der anschließenden Runde werden – je nach Teamgröße – einzelne oder alle Notizen vorgelesen und miteinander geteilt: Was freut mich besonders? Was ist mir besonders wichtig? Was überrascht mich? Was ist mir neu?

Wenn gar nichts mehr geht: Akuthilfe bei Stress

Manchmal rast eine stressige Situation einfach auf uns zu. Die Bemerkung eines Elternteils, noch eine Aufgabe und noch eine ... Irgendwann ist das Maß voll. Die Atmung wird schneller und Nervosität macht sich bemerkbar. Was jetzt?
- Stellen Sie in solchen Momenten Abstand her, verlassen Sie den Raum und ziehen Sie sich zurück. Über tiefe Atemzüge können Sie Ihr Nervensystem beruhigen. Sie werden merken, dass der innere Druck nach einigen Minuten nachlässt.
- Einen ähnlichen Effekt hat ein sogenannter „innerer Ruhepunkt". Das ist ein imaginärer Ort, ein Schmuck- oder Kleidungsstück, das Sie persönlich als Ruhepunkt entwickelt haben. Allein die Berührung oder die Vorstellung löst dann Sicherheit und Beruhigung aus.
- Wie wäre es mit einer Kombination aus beidem? Versuchen Sie es!

Anhang – Kopiervorlagen als Arbeitshilfen

- ☑ Fragebogen: Machen Sie den Team-Test!
- ☑ Checkliste: Unser neues Teammitglied
- ☑ Checkliste: Der Willkommensordner
- ☑ Fragebogen: Konfliktanalyse
- ☑ Evaluationsbogen: Dokumentation von Projekten
- ☑ Fragebogen: Führungsfeedback
- ☑ Selbstreflexion: Sehe ich Konflikte als Chance?
- ☑ Selbstreflexion: Vermeide ich Konflikte?
- ☑ Checkliste: Gesundheit in der Kita

Fragebogen: Machen Sie den Team-Test!

Mit diesem Test können Sie herausfinden, wie es um die Stärken und Schwächen in Ihrem Team bestellt ist. Versuchen Sie, so ehrlich wie möglich zu sein, denn nur so kommen Sie zu einem realistischen Ergebnis. Die Auswertung gibt Ihnen Hinweise, wie Sie Ihre Zusammenarbeit verbessern können.

	trifft voll zu	**trifft überwiegend zu**	**trifft manchmal zu**	**trifft nicht zu**
Die Leitung arbeitet eng mit dem Team zusammen.	☐	☐	☐	☐
Jedes Teammitglied kann Führungsaufgaben in Teilbereichen übernehmen.	☐	☐	☐	☐
Alle Mitglieder des Teams bringen ihre Qualifikationen in die Arbeit ein.	☐	☐	☐	☐
Alle Teammitglieder identifizieren sich mit den Zielen der Einrichtung.	☐	☐	☐	☐
Im Team wird offen kommuniziert. Das Teamklima ist positiv.	☐	☐	☐	☐
Das Team äußert sich im gegenseitigen Feedback sachlich. Fehler werden offen angesprochen.	☐	☐	☐	☐
Das ganze Team setzt seine Energie zur Erreichung der Teamziele ein. Die Ergebnisse werden regelmäßig reflektiert und tragen zur Verbesserung der Arbeit bei.	☐	☐	☐	☐
Das Team kann gemeinsam systematische Methoden entwickeln und einsetzen, um Aufgaben zu bewältigen und Probleme zu lösen.	☐	☐	☐	☐
Das Team ist gut organisiert. Die Rollen sind klar, Informationen fließen und es gibt Zeit, um miteinander zu sprechen.	☐	☐	☐	☐
Alle engagieren sich für die Weiterentwicklung des Teams.	☐	☐	☐	☐
Neue Ideen und innovative Projekte werden im Team von allen eingebracht und umgesetzt.	☐	☐	☐	☐
Das persönliche Interesse an einer guten Zusammenarbeit ist hoch.	☐	☐	☐	☐
Das Team hat eine klare Rolle in der Gesamtorganisation des Trägers.	☐	☐	☐	☐

Test-Auswertung

Vergeben Sie für Ihre Antworten folgende Punktzahlen und zählen Sie die Punkte anschließend zusammen:

Trifft voll zu = 4 Punkte
Trifft überwiegend zu = 3 Punkte
Trifft manchmal zu = 2 Punkte
Trifft nicht zu = 1 Punkt

43 bis 52 Punkte:
In Ihrem Team sieht es sehr gut aus mit der Zusammenarbeit. Sie sind zielorientiert, gut organisiert und haben wirksame Methoden entwickelt, um mit Herausforderungen umzugehen. Ein offenes Miteinander schafft ein positives Teamklima. Sorgen Sie weiterhin für Ihre gemeinsamen Ziele und erhalten Sie die Motivation, dann bleiben Sie ein stabiles Team!

27 bis 42 Punkte:
Sie haben eine Menge guter Ansätze und arbeiten in den meisten Punkten effektiv zusammen. Vielleicht bemerken Sie, dass es an einigen Stellen noch nicht ganz rund läuft. Beobachten Sie die Stellen, an denen Sie sich selbst eine niedrige Punktzahl gegeben haben und korrigieren Sie diese konsequent. Knüpfen Sie an vorhandene Ressourcen an, dann wird sich Ihre Teamsituation schnell verbessern!

13 bis 26 Punkte:
Ihr Team hat Potenzial! Jedoch gibt es einige Stellen, die Sie verbessern könnten. Vielleicht befinden Sie sich auch gerade in der Storming-Phase, die Ihr Team mehr herausfordert als Sie es bisher erlebt haben. Arbeiten Sie gemeinsam an den Problemlösungskompetenzen, und schaffen Sie mit dem Herausarbeiten Ihrer Stärken Erfolgserlebnisse. Nun heißt es, Schritt für Schritt für Verbesserung zu sorgen und Ihr Team allmählich weiterzuentwickeln!

Checkliste: Unser neues Teammitglied

Welche Eigenschaften soll ein neues Teammitglied haben? Was passt gut zu unserem Team? Welche Rolle ist vielleicht noch unbesetzt? Gehen Sie die Checkliste gemeinsam mit Ihrem Team durch und orientieren Sie sich bei der Auswahl und im Bewerbungsgespräch daran.

	Anforderungen an ein neues Teammitglied
☐	**Notwendige Ausbildung:**
☐	**Zusatzqualifikation/Spezialisierung:**
☐	**Berufserfahrung:**
	Einsatzgebiete:
☐	Gruppenleitung
☐	Zweite Fachkraft
☐	Weitere:
	Aufgabenbezogene Kompetenzen:
☐	Methodischer Ansatz:
☐	Arbeit am Kind
☐	Elternarbeit und Erziehungspartnerschaft
☐	Dokumentation
☐	Verwaltung und Organisation
☐	Qualitätsmanagement
☐	Öffentlichkeitsarbeit
☐	Weitere:
	Soziale und persönliche Fähigkeiten:
☐	Kommunikation und Gesprächsführung
☐	Innovationsfreude
☐	Initiative und proaktives Handeln
☐	Reflexionskompetenz
☐	Konfliktlösungskompetenz
☐	Klarheit in Werten und Zielen
☐	Kollegiale Zusammenarbeit im Team
☐	Rolle im Team:
☐	Weitere:
☐	**Sonstiges:**

Checkliste: Der Willkommensordner

Dienstplan, Datenschutz, Strukturen und Konzeption – haben Sie an alles gedacht? Mit dieser Checkliste füllen Sie Ihren Willkommensordner.

Unser Willkommensordner und was alles in ihm steckt	
Aktuelle Zahlen zur Belegung der Gruppen, Altersverteilung der Kinder und zu Besonderheiten	☐
Grundsätzliche Prozesse wie Aufgaben im Früh- oder Spätdienst, Raumvorbereitung	☐
Aktuelle pädagogische Konzeption	☐
Übersicht über das Kollegium mit Namen, Telefonnummern, Adressen und Geburtstagen	☐
Aufgaben- und Verantwortungsbereiche des Teams	☐
Geschäfts- oder Dienstordnung, eventuell mit einer Zusammenfassung der wichtigsten Punkte wie Verfahren bei Krankmeldung, Urlaubs- und Fortbildungsanträge oder Nutzung von Handys	☐
Hinweise zu gesetzlichen Vorgaben wie Hygiene- und Brandschutzverordnung und den entsprechenden Beauftragten in der Kita, ergänzt durch einen Standortplan mit Angaben zu Erste-Hilfe-Kästen, Feuerlöschern, Notausgängen und Sammelstellen	☐
Hinweise zum Datenschutz	☐
Dienstplan und feststehende Termine wie Schließtage, Konzeptionstage und Aktionen der Kita	☐
Informationen zum regelmäßigen Wochen- oder Monatsablauf der Einrichtung und der Gruppen, beispielsweise gemeinsames Frühstück, Waldtage oder Elternaktionen	☐
Überblick über Strukturen und Abläufe zur Zusammenarbeit auf der Fachebene, zum Beispiel Teambesprechungen, Kleinteams, Vorbereitungszeit und Supervision	☐
Vorlagen zur pädagogischen Planungsarbeit, für Elterninformationen, zur Kindesbeobachtung, zur Gesprächsdokumentation	☐

Fragebogen: Konfliktanalyse

Sie müssen ein Konfliktgespräch nicht unvorbereitet führen oder begleiten. Nutzen Sie die folgenden Fragen, um sich über die wichtigsten Eckpunkte des Konfliktes bewusst zu werden.

1 Wann ist der Konflikt zum ersten Mal aufgetreten?

2 Welche Personen waren direkt beteiligt?

3 Welche sachlichen Ursachen sehe ich?

4 Welche Gefühle wurden bei mir ausgelöst?

5 Welche Bedürfnisse drücken sich darin aus?

6 Welche Lösung würde meinem Bedürfnis am ehesten entsprechen?

7 Was möchte ich mindestens erreichen?

8 Wie habe ich vorher in solchen Momenten reagiert, und wie werde ich jetzt agieren?

	Flucht	**Vermeidung**	**Kampf**	**Kompromiss**	**Konsens**
Bisher					
Heute					

9 Benötige ich Unterstützung in einem der Punkte? Wenn ja, was brauche ich?

Evaluationsbogen: Dokumentation von Projekten

Projektname			**Datum:**
Arbeitsgruppe			**Hauptverantwortliche:**
Arbeitsfragen	**Ja**	**Nein**	**Verbesserungsansätze**
Haben wir unser Ziel erreicht?			
Welche Rückmeldung bekamen wir von den Adressaten?			
Entsprach der Aufwand dem Ergebnis?			
War unsere Organisation gut abgestimmt?			
Haben wir vorausschauend und effektiv geplant?			
Haben wir die Bedingungen des Projektes realistisch eingeschätzt?			
Wie war unser Zeitmanagement?			
Konnten wir als Projektgruppe notwendige Entscheidungen treffen?			
Sind wir mit auftauchenden Stolpersteinen konstruktiv umgegangen?			
War das Gesamtteam zu jeder Zeit über den Verlauf informiert?			
Haben wir eine offene und wertschätzende Kommunikation gepflegt?			
Wie wurde der Erfolg des Projektes sichergestellt?			

Fragebogen: Führungsfeedback

Wie erlebt Ihr Team Ihren Führungsstil? Lassen Sie den Bogen von allen Teammitgliedern ausfüllen und sprechen Sie – im Team oder unter vier Augen – über die Ergebnisse!

Unsere Teamleitung ...	😀	🙂	☹️	Verbesserungsideen
kümmert sich um geeignete Rahmenbedingungen.				
organisiert und koordiniert die Arbeitsabläufe.				
strukturiert unsere Zusammenarbeit, besonders in Teamsitzungen.				
delegiert Aufgaben, um uns zu fördern.				
kontrolliert Ergebnisse, nicht die Wege, dorthin zu gelangen.				
fordert uns zur Mitgestaltung auf.				
legt Wert auf selbstständiges Denken und Handeln.				
ist aufmerksam für Stimmungen im Team und spricht diese an.				
berät uns persönlich, wenn nötig.				
setzt sich für Konfliktlösung ein.				
fordert uns durch Innovation heraus.				
kümmert sich um unsere Ziele.				
vertritt unsere Interessen nach außen.				

Selbstreflexion: Sehe ich Konflikte als Chance?

Wie reagieren Sie auf einen Konflikt? Arbeiten Sie mit dem Fragebogen und beantworten Sie die Fragen ehrlich und selbstkritisch. Entdecken Sie Stellen, die sich durch Ihre veränderten Sichtweisen und Ihr angepasstes Verhalten tatsächlich verbessern würden? Leitung oder Teammitglied, der Fragebogen fordert Sie in gleicher Weise auf, sich selbst zu hinterfragen!

1 Was genau wird kritisiert?

2 Habe ich Erfahrungen mit diesem Thema gemacht?

3 Welche Emotionen nehme ich in mir wahr? Was ist mein wunder Punkt?

4 Wie ist meine Grundhaltung zu diesem Thema? Was verstehe ich darunter?

5 Gibt es äußere Einflüsse, die sich störend auswirken?

6 Habe ich die Fähigkeiten, dieses Thema zu bewältigen?

7 Was würde mich unterstützen?

8 Was könnte schlimmstenfalls passieren, wenn ich etwas verändern würde?

9 Welche veränderte Sichtweise kann ich nutzen?

10 Was kann ich an meinem Verhalten konkret ändern?

Selbstreflexion: Vermeide ich Konflikte?

Manchmal sind es Glaubenssätze, die verhindern, dass wir klärende Gespräche suchen. Diese neu zu formulieren und dabei alte Überzeugungen zu aktualisieren, könnte ein konstruktiver Weg sein, Probleme zu lösen. Formulieren Sie für sich selbst das Gegenteil und machen Sie sich gestärkt auf den Weg!

	Alte Glaubenssätze	Neue Glaubenssätze
1	Der Konflikt könnte aus dem Ruder laufen und unkontrollierbar werden. Alles wird noch schlimmer.	
2	Ich traue mich nicht, die Kollegin anzusprechen. Ich komme nicht gegen sie an.	
3	Ich könnte die Teamstimmung negativ beeinflussen.	
4	Meine Emotionen könnten mich überfluten. Vielleicht muss ich weinen oder ich kann nicht mehr klar denken.	
5	Ich habe Zweifel: Stimmt meine Wahrnehmung? Darf ich das ansprechen?	
6	Die andere Person ist doch schuld, wieso sollte ich auf sie zugehen?	
7	Ich fantasiere so lange vom Scheitern, sodass ich es nachher selbst glaube. Selbsterfüllende Prophezeiung!	

Beispiellösungen:

1 Ich bereite mich gut vor, sodass der Konflikt nicht aus dem Ruder läuft.
Danach wird sich die Situation entspannen und besser werden.

2 Ich fühle mich gut gerüstet und habe mir Notizen gemacht.
Mein Ziel ist, alle Punkte anzusprechen, und das werde ich schaffen!

3 Das Gegenteil wird passieren, die Teamstimmung hellt sich danach wieder auf.
Das ist nicht schlimm, es bedeutet ja auch viel für mich. Ich muss mich meiner Emotionen nicht schämen!

4 Nach ein paar Minuten lässt das nach. Ich bereite mich gut vor, das hilft mir, mich zu sammeln.

5 Unbedingt!

6 Wir haben beide unsere Anteile an der Situation.
Ich habe ein Interesse an guter Zusammenarbeit, also mache ich den ersten Schritt.
Meine Aufgabe in der Kita ist, die Zusammenarbeit gut zu organisieren, also gehe ich auf sie zu.

7 Ich stelle mir vor, alles würde gut laufen und übe im Geiste bereits die Sätze – Selbsterfüllende Prophezeiung!

Checkliste: Gesundheit in der Kita

Wie steht es um die Arbeitssicherheit in Ihrer Kita? Gehen Sie die Liste durch und zählen Sie die jeweiligen Punkte. Je häufiger Sie ein Häkchen setzen, umso besser sind Sie aufgestellt. Fehlt die Hälfte oder mehr der Präventionsmaßnahmen, sollten Sie dringend aufrüsten, um Ihre Gesundheit auf Dauer zu schützen. Natürlich können Sie die Liste durch eigene Maßnahmen ergänzen.

Präventivmaßnahmen	✔	✖
Lärmreduzierung durch bauliche Maßnahmen (Böden, Decken)		
Geräuschdämmung an Mobiliar und Spielmaterial (Filzgleiter)		
Stimmtraining zur Gesunderhaltung der Stimme		
Regulierung durch veränderte Pädagogik (Methoden, Aktivitäten, Spielmaterial, Kleingruppen)		
Angebote zur betrieblichen Gesundheitsförderung (Rückenschule, autogenes Training, Arbeitgeberzuschuss Fitnesscenter)		
Erwachsenengerechtes Mobiliar und Arbeitsplätze für Fachkräfte (Erzieherstühle, Steh- oder Schreibtische)		
Aufstiegshilfen und Hilfsmittel für Kinder (Wickeltisch, Aufzug, Hebehilfen)		
Infektionsschutz (Desinfektion, Hygienestandards, Kontakt)		
Fortbildung (Infektionsschutz, Arbeitsmedizin, pädagogische Konzepte)		
Information und Unterstützung von Eltern (Infektionsschutz, Vorgaben Gesundheitsämter, Netzwerke, Babysitter)		
Gesicherte Vertretung von krankem Personal (Springerpool, Zeitarbeit, Honorarkräfte, Elterneinsatz)		
Notfallplan zur Schließung von Gruppen (Stellungnahme des Trägers, Elterninformation)		
Betriebliches Eingliederungsmanagement (Gespräche, Wiedereingliederungsmodell)		
Wohlwollende Gesprächsführung der Leitung und des Trägers bei Belastungen		
Ungestörte Pausen		
Ausgeglichenes Überstundenmanagement		

Literaturverzeichnis

Bernitzke, F. (2009): Handbuch Teamarbeit – Grundlagen für ein erfolgreiches Arbeiten in Kita und Kindergarten. Freiburg im Breisgau: Herder.

Erger, R. (2012): Teamarbeit und Teamentwicklung in sozialen Berufen. Berlin: Cornelsen.

Francis, D.; Young, D. (1998): Mehr Erfolg im Team. Ein Trainingsprogramm mit 46 Übungen zur Verbesserung der Leistungsfähigkeit in Arbeitsgruppen. Hamburg: Windmühle.

Hansen, H. (2014): So klappt's im Kita-Team. Mülheim an der Ruhr: Verlag an der Ruhr.

Rosenberg, M. B. (2013): Gewaltfreie Kommunikation. Paderborn: Junfermann.

Langmaack, B., & Braune-Krickau, M. (2000). Wie die Gruppe laufen lernt. Weinheim: Beltz-PVU.

Zur Autorin

Marion Offergeld

arbeitet seit vielen Jahren als freie Dozentin in der Erwachsenenbildung und ist Supervisorin. Als gelernte Diplom-Sozialpädagogin, Erzieherin im Kindertagesstätten-Bereich und ehemalige Leitung und Fachkraft in der Gruppenarbeit, kennt sie die vielfältigen Herausforderungen, die der Alltag für pädagogische Fachkräfte mit sich bringt sehr gut.

Die Schwerpunkte ihrer Arbeit liegen dabei in den Bereichen Teammanagement und Konfliktlösung. Seit 2006 unterstützt sie Familienzentren bei der Umsetzung von Gütesiegelkriterien.

Durch ihren leicht verständlichen Vortragsstil und ihre sympathische Art ist sie bei ihren Seminarteilnehmern sehr beliebt. Fachkompetenz und Praxisnähe zeichnen ihre Seminare aus und alle diese Praxistipps vermittelt sie auch sehr anschaulich in ihren Publikationen. Frau Offergeld schafft durch ihre lebendigen und praxisorientierten Beispiele, Tipps und Tricks einen optimalen Lern- und Wissenstransfer. So ist neben dem Wissensgewinn auch der Erfolg in der Praxis garantiert.

Nachgefragt

Wie oft schauen Sie am Tag auf ihr Handy?

So wenig wie möglich. Die Momente echter Begegnung sind mir wichtiger. Das gilt auch für die Teamentwicklung. Sachinformationen lassen sich mit dem Handy oder Tablet perfekt transportieren. Jedoch müssen sich die Menschen begegnen und sich im Miteinander erleben, um echte Bindungen zu entwickeln.

Können Sie ein Kunststück?

Das würde ich gern! Zum Beispiel Akrobatik oder Zaubern.

Welche Jahreszeit ist Ihre liebste?

Eindeutig der Sommer. Ich mag das Licht, die langen Tage und die Wärme. Am liebsten sitze ich in meinem Garten und höre dem Wind, den Pflanzen und den Tieren zu.

In dieser Reihe sind bereits erschienen:

Schwierige Elterngespräche in der Kita – und wie sie gelingen
ISBN: 978-3-96046-078-7

Portfolio, Lerngeschichten & Co.
Entwicklungsschritte von Kita-Kindern erkennen, sichtbar machen und dokumentieren
ISBN: 978-3-96046-077-0

Alltagsintegrierte Sprachbildung in der Kita
Die Sprachentwicklung von Kindern wahrnehmen, begeleiten und unterstützen
ISBN: 978-3-96046-081-7

Plötzlich Gruppenleitung
Teamführung und Kinderbetreuung in der Kita erfolgreich meistern
ISBN: 978-3-96046-082-4

Klett Kita